印 顺 法 师 佛 学 著 作 系 列

如来藏之研究

释印顺 著

中华书局

图书在版编目(CIP)数据

如来藏之研究/释印顺著. —北京:中华书局,2011.4
(2025.4 重印)
(印顺法师佛学著作系列)
ISBN 978-7-101-07851-0

Ⅰ.如… Ⅱ.释… Ⅲ.如来藏-研究 Ⅳ.B946.3

中国版本图书馆 CIP 数据核字(2011)第 037120 号

经台湾财团法人印顺文教基金会授权出版

书　　名	如来藏之研究	
著　　者	释印顺	
丛 书 名	印顺法师佛学著作系列	
责任编辑	朱立峰	
封面设计	毛　淳	
责任印制	管　斌	
出版发行	中华书局	
	(北京市丰台区太平桥西里 38 号　100073)	
	http://www.zhbc.com.cn	
	E-mail:zhbc@zhbc.com.cn	
印　　刷	北京建宏印刷有限公司	
版　　次	2011 年 4 月第 1 版	
	2025 年 4 月第 4 次印刷	
规　　格	开本/880×1230 毫米　1/32	
	印张 8　插页 2　字数 172 千字	
印　　数	7001-7500 册	
国际书号	ISBN 978-7-101-07851-0	
定　　价	39.00 元	

"印顺法师佛学著作系列"出版说明

释印顺(1906—2005),当代佛学泰斗,博通三藏,著述宏富,对印度佛教、中国佛教的经典、制度、历史和思想作了全面深入的梳理、辨析与阐释,取得了一系列重要学术成果,成为汉语佛学研究的杰出典范。同时,他继承和发展了太虚法师的人生佛教思想,建立起自成一家之言的人间佛教思想体系,对二十世纪中叶以来汉传佛教的走向产生了深刻影响,受到佛教界和学术界的的高度重视。

经台湾印顺文教基金会授权,我局于2009年出版《印顺法师佛学著作全集》(23卷),系统、全面地介绍了印顺法师的佛学研究成果和思想,受到学术界、佛教界的广泛欢迎。应读者要求,我局今推出"印顺法师佛学著作系列",将印顺法师的佛学著作以单行本的形式逐一出版,以满足不同领域读者的研究和阅读需要。为方便学界引用,《全集》和"系列"所收各书页码完全一致。

"印顺法师佛学著作系列"的编辑出版以印顺文教基金会提供的台湾正闻出版社出版的印顺法师著作为底本,改繁体竖排为简体横排。以下就编辑原则、修订内容,以及与正闻版的区别等问题,略作说明。

编辑原则

编辑工作以尊重原著为第一原则,在此基础上作必要的编辑加工,以符合大陆的出版规范。

修订内容

由于原作是历年陆续出版的,各书编辑体例、编辑规范不一。我们对此作了适度统一,并订正了原版存在的一些疏漏讹误,主要包括以下几项:

1. 原书讹误的订正:

正闻版的一些疏漏之处,如引文、纪年换算、人名、书名等,本版经仔细核查后予以改正。

2. 标点符号的订正:

正闻版的标点符号使用不合大陆出版规范处甚多,本版作了较大幅度的订正。特别是正闻版对于各书中出现的经名、品名、书名、篇名,或以书名号标注,或以引号标注,或未加标注;本版则对书中出现的经名(有的书包括品名)、书名、篇名均以书名号标示,以方便读者。

3. 梵巴文词汇的删削订正:

正闻版各册(特别是专书部分)大都在人名、地名、名相术语后一再重复标出梵文或巴利文原文,不合同类学术著作惯例,且影响流畅阅读。本版对梵巴文标注作了适度删削,同时根据《望月佛教大辞典》、平川彰《佛教汉梵大辞典》、荻原云来《梵和大辞典》等工具书,订正了原版的某些拼写错误。

4.原书注释中参见作者其他相关著作之处颇多,为方便读者查找核对,本版各书所有互相参见之处,均分别标出正闻版和本版两种页码。

5.原书中有极少数文字不符合大陆通行的表述方式,征得著作权人同意,在不改变文义的前提下,略作删改。

印顺法师佛学著作对汉语佛学研究有极为深广的影响,同时在国际佛学界的影响也日益突出。我们希望"印顺法师佛学著作系列"的出版,有助于推进我国的佛教学以及相关学科的研究。

中华书局编辑部

二〇一一年三月

目　　录

第八章　如来藏佛性之抉择

自　序

　　抗战期间,我写了《唯识学探源》、《性空学探源》二书。为了探求大乘三系的渊源,还想写一部《如来藏学探源》,由于抗战结束了,种种因缘,没有能写出。来台湾以后,在经论的探求中,才理解到:缘起与空,唯识熏变,在《阿含经》与部派佛教中,发见其渊源,而如来藏(即佛性)说,却是大乘佛教的不共法,是"别教"。在如来藏说的开展中,与《阿含经》说的"心清净,为客尘所染"相结合,而如来藏的原始说,是真我。众生身心相续中的如来藏我,是"法身遍在"、"涅槃常住"的信仰,通过法法平等、法法涉入的初期大乘经说而引发出来;在初期大乘的开展中,从多方面露出这一思想的端倪。龙树的大乘论中,还没有明确地说到如来藏与佛性,所以这是后期大乘。西元三世纪以下,正是印度梵文学复兴的时代,印度大乘佛教也就适应此一思潮而说"如来之藏",明确地说:"我者,即是如来藏义;一切众生悉有佛性,即是我义。"

　　一切众生有如来藏我,在中国佛教界,从来不曾感到意外,只是信受赞叹,但印度佛教界可不同了!常住不变的、妙乐的"我",是众生的生命自体;转迷妄而达"梵我一如",得真解脱,是印度神教思想的主流。释尊为人类说法，从众生的蕴界处中，观一切为缘所生法，无常故苦，苦故无我无我所；依空无我得解脱，显出了不共世间、超越世间的佛法。从部派到初期大乘佛教，说明上有无边的方便不同，而依空无我得解脱，还是被公认的。现在说，一切众生的蕴界处中，有常住、清净的如来藏我，这是极不平常的教说！印度佛教有着悠久的传统，没有忘却释尊教法的大乘者，对于如来藏我，起来给以合理的解说：如来藏是约真如空性说的，或约缘起空说的。这样，如来藏出缠的佛，可以名为"大我"（或约八自在说），而众生位上的如来藏，被解说为"无我如来之藏"了。一切众生有（与如来藏同义）佛性，被解说为"当有"了。这是印度大乘佛教的如来藏说（不过，众生的如来藏我，秘密大乘佛教中发展为"本初佛"，与印度的"梵我一如"可说达到了一致的地步）。

我在《初期大乘佛教之起源与开展》的写作过程中，附带集录些有关如来藏佛性说的资料。拿来整理一下，再补充些后期大乘经论的抉择，题为《如来藏之研究》，作为从前想写而没有写的《如来藏学探源》，补足了从前的一番心愿！

第一章　序　说

第一节　如来藏学在佛教中的地位

如来藏（tathāgata-garbha），如来界——如来性（tathāgata-dhātu），佛性——佛界（buddha-dhātu）等，这一类名词，在意义上虽有多少的差别，然作为成佛的可能性，众生与佛的本性不二来说，有着一致的意义。在印度，如来藏说的兴起，约在西元三世纪，从初期大乘而进入后期大乘佛教的阶段。在西元四、五世纪中，非常的兴盛，有关（广义的）如来藏说的经典也纷纷流传出来。如来藏说，以后期大乘经为主，在论师们——印度的大乘论师，中观（Mādhyamikāḥ）与瑜伽（Yoga）二家，都说如来藏说是不了义的，以中观及唯识的"密意"去解说它。其实，这一思想系有独到的立场，主要是众生与佛有共同的体性；依此为宗本，说明依此而有生死、众生，依此而有究竟解脱、如来。如《不增不减经》（大正一六·四六七中）说：

"舍利弗！即此法身，过于恒沙无边烦恼所缠，从无始世来，随顺世间，波浪漂流，往来生死，名为众生。舍利弗！

即此法身,厌离世间生死苦恼,弃舍一切诸有欲求,行十波罗蜜,摄八万四千法门,修菩提行,名为菩萨。复次,舍利弗!即此法身,离一切世间烦恼使缠,过一切苦,离一切烦恼垢,得清净,住于彼岸清净法中,到一切众生所愿(见)之地;于一切境界中,究竟通达,更无胜者;离一切障,离一切碍,于一切法中得自在力,名为如来应正遍知。"

《不增不减经》所说的法身(dharma-kāya),也是如来藏的别名。从这立论的宗依来说,与中观家"以有空义故,一切法得成"不同;也与瑜伽家依虚妄分别的阿赖耶(ālaya)识为"所知依"不同。如来藏说有独到的立场,富有"真我论"的特色。由于如来藏说以经典为主,所以重论的学派,如西藏学者,只承认大乘的"中观见"与"唯识见",而不承认"藏性见"的存在。

中国汉传佛教是重经的,所以有"经富论贫"的评语。如来藏、佛性法门,传到重经的中国汉地来,受到高度的赞扬。如贤首宗立五教、三宗,三宗是"法相宗"、"破相宗"、"法性宗"。如来藏说是五教中的终教,与顿教、圆教都是"显性"的"法性宗",只是"显性"的理论与方法多少不同而已。禅宗是从"如来(藏)禅"来的,所以阐扬这一法门的《楞严经》与《起信论》,虽有"疑伪"的传说,却受到贤首宗与禅宗的尊重。天台宗的四明法智,论定如来藏缘起说为"别理随缘","据理,随缘未为圆极"①。但同时的孤山智圆,就引用《起信论》,推重为圆极的法门。宋末以来,中国佛教倾向于融会,如来藏说也就成为大乘的通量。

---

① 《四明尊者教行录》卷二(大正四六·八七一下)。

明末智旭是接近天台学的，以为如来藏随缘，是"圆极一乘"①。
近代太虚大师，晚年讲《中国佛学》，首列一表，以"佛性"来贯通
众生与佛，这样说："是众生与佛相通的心法。……由此，我们
可以看出佛、心、众生的不同，同时又可以看出众生、心、佛的相
通。"②大师早年所作的《佛藏择法眼图》、《如来藏心迷悟图》，
都是以如来藏、佛性为宗本，来说明或融贯一切的③。如来藏
说，可说是中国佛学的主流！依此去观察，如贤首宗说"性起"，
禅宗说"性生"，天台宗说"性具"，在说明上当然不同，但都是以
"性"——"如来（界）性"、"法（界）性"为宗本的。这一法门，经
中国佛教学者的融会发挥，与原义有了相当的距离，但确乎是中
国佛教的主流，在中观、唯识以外，表示其独到的立场与见解。

第二节　与如来藏有关的经论

有关如来藏学的经典，在佛教史上，属于大乘佛教的后期，
以为"一切法空"是不了义的，以真常——真常我、真常心为主
的法门。宣说如来藏等的经论，在中国译经史上，从西元三世纪
末起，到七世纪止，译出的为数不少。思想上，前后也多少不同。
主要的教典，有：

　　1.《如来兴显经》，三卷，晋太康八年（西元二八七），竺法护

---

　　①　《大乘起信论裂网疏》卷一（大正四四・四二二下）。
　　②　《中国佛学》（《太虚大师全书》第一编五三九）。
　　③　《佛藏择法眼图》（《太虚大师全书》第一编三一七）。《如来藏心迷悟图》
（《太虚大师全书》第七编一七二三）。

（Dharmarakṣa）译，是晋译《华严经》的《宝王如来性起品》、唐译《华严经》的《如来出现品》的初译本。经中说破微尘出大千经，及"斯众生类，愚骏乃尔！不能分别如来圣慧世尊普入"[1]，即"一切众生皆有如来智慧德相"的如来藏说。

2.《大哀经》，八卷，晋元康元年（西元二九一），竺法护译出，与北凉昙无谶（Dharmarakṣa）所译的《大方等大集经》的《璎珞品》《陀罗尼自在王菩萨品》，为同本异译。专论如来藏法门的《宝性论》，就是依本经而造论的。在《大哀经》中，有无垢宝珠喻，及初说"无常苦空非身（我）"，"后乃达空、无相、（无）愿"，"次得成于不退转（法轮）"[2]。这是三时教：初说声闻教，次说空相应教，后说不退菩提法轮。《大哀经》的三时教，与《解深密经》的三时教说，第三时的意趣不同。

3.《大方等如来藏经》，一卷，"晋惠、怀时（西元二九〇——三一一），沙门法炬译出"[3]。这部经已经佚失，现存有晋元熙二年（西元四二〇）佛陀跋陀罗（Buddhabhadra）的译本，也名《大方等如来藏经》。经中以九种譬喻来说明如来藏，是一部通俗的如来藏说。

4.《大般泥洹经》，六卷，晋义熙年间（西元四一七——四一八）法显所译。这部经，传说与宋智猛在凉州译出的二十卷本《泥洹经》是同本异译。《六卷泥洹记》与《二十卷泥洹记》，一

---

[1]　《如来兴显经》卷三（大正一〇・六〇七下）。
[2]　《大哀经》卷六（大正一三・四三九中——下）。
[3]　《出三藏记集》卷二（大正五五・九下——一〇上）。

致说经本是从中天竺华氏城（Pāṭaliputra）婆罗门处得来的①。昙无谶所译的《大般涅槃经》前十卷，从《寿命品》第一到《一切大众所问品》第五，也是这部经的异译。依《大般涅槃经记》，昙无谶所译的前十卷，经本是智猛从印度取来而留在高昌的②？

5.《大般涅槃经》，四十卷，从北凉玄始十年（西元四二一）十月起，昙无谶在姑臧译出。先译前十卷，与法显的《大般泥洹经》同本异译。由于经本不完全，昙无谶回到西方去寻求，在于阗又得到经本，再回姑臧译出③。传说虽略有出入，前十卷与后来续译的部分，成立的时代有先后，解说也有点不同，这是无可疑的！

6.《大云经》，或名《无想经》，昙无谶所译。现存《大方等无想经》六卷，分三十七健度。别有《大云无想经卷九》，一卷。《大云经》中，说到了"常乐我净"与"佛性"。

7.《大法鼓经》，二卷，宋元嘉中（西元四四〇前后），求那跋陀罗（Guṇabhadra）译。

8.《央掘魔罗经》，四卷，宋元嘉中，求那跋陀罗译。《大正藏》编入"阿含部"，是很不妥当的。

9.《胜鬘师子吼一乘大方便方广经》，二卷，宋元嘉十三年（西元四三六），求那跋陀罗初译。唐神龙二年到先天二年间（西元七〇六——七一三），菩提流志（Bodhiruci）重译，编为《大宝积经》第四十八《胜鬘夫人会》。

---

① 《出三藏记集》卷八（大正五五·六〇中）。
② 《出三藏记集》卷八（大正五五·六〇上）。
③ 《出三藏记集》卷一四（大正五五·一〇三上）。

10.《楞伽阿跋多罗宝经》,四卷,宋元嘉二十年(西元四四三),求那跋陀罗初译。异译有二本:一、元魏菩提流支(Bodhiruci)在延昌二年(西元五一三)译,名《入楞伽经》,十卷。二、唐实叉难陀(Śikṣānanda)在长安四年(西元七○四)译,名《大乘入楞伽经》,七卷。魏译与唐译本,比宋译本增多了序起中的"请佛"、"问答",及末后的"偈颂"。

11.《宝积三昧文殊师利菩萨问法身经》,失译,一卷,见《出三藏记集》的《新集续撰失译杂经录》①,是道安所没有见到的。隋《历代三宝纪》以来,作为后汉安世高所译,是不足信的!依所用的译语,应是西晋以前所译的。隋开皇十五年(西元五九五),阇那崛多(Jñānagupta)重译,名《入法界体性经》,一卷。

12.《如来庄严智慧光明入一切佛境界经》,二卷,元魏景明二年(西元五○一),昙摩流支(Dharmaruci)初译。梁天监五年、普通元年间(西元五○六——五二○),僧伽婆罗(Saṃghavarman)等再译,名《度一切诸佛境界智严经》,一卷。赵宋法护(Dharmapāla)等,在大中祥符三年(西元一○一○)后,译为《大乘入诸佛境界光明庄严经》,五卷。

13.《不增不减经》,一卷,元魏孝昌元年(西元五二五),菩提流支译。

14.《无上依经》,二卷,陈永定二年(西元五五八),真谛(Paramârtha)译,有的说是梁代所译的。《无上依经》分六品,《校量功德品》第一,与失译的《未曾有经》、唐玄奘译的《甚希有

---

① 《出三藏记集》卷四(大正五五·三○中)。

经》,是同本异译。

15.《胜天王般若波罗蜜经》,七卷,陈天嘉六年(西元五六五),月婆首那(Upaśūnya)译。唐显庆五年、龙朔二年间(西元六六〇——六六二),唐玄奘所译《大般若波罗蜜多经》"第六分",八卷(当大经五六六——五七三卷),就是《胜天王般若经》的再译。本经是《宝云经》、《无上依经》等纂集所成的①。

16.《大乘密严经》,三卷,唐永隆、垂拱元年间(西元六八〇——六八五),地婆诃罗(Divākara)译。唐永泰元年(西元七六五),不空(Amoghavajra)再译,也名为《大乘密严经》,三卷。

属于如来藏说的论典有:

1.《究竟一乘宝性论》,四卷,元魏正始五年(西元五〇八)来华的勒那摩提(Ratnamati)所译。这部论,有本颂、解释——偈颂及长行,没有标明造论者的名字。汉译以外,现存有梵本与藏译本。依中国古人的传说,《宝性论》是坚慧(Sāramati)菩萨造的。但藏传说:偈颂是弥勒(Maitreya)造,释论是无著(Asaṅga)造的。对于本论的作者,近代有不同的见解。真谛的《婆薮槃豆法师传》说:世亲(Vasubandhu)造三宝性论②。"三宝性"就是"宝性",所以《梵汉对照究竟一乘宝性论研究》推定为坚慧造本颂,世亲造释论③。

2.《佛性论》,四卷,真谛于陈代译出。论初,破斥外道、小乘、大乘空执,立三性、三无性;以下部分,与《究竟一乘宝性论》

---

① 拙作《初期大乘佛教之起源与开展》(六一〇——六一二,本版五二二——五二五)。

② 《婆薮槃豆法师传》(大正五〇·一九一上)。

③ 中村瑞隆《梵汉对照究竟一乘宝性论研究》序说(五八——六一)。

释,大致相合。传为世亲造,恐未必是。

3.《大乘法界无差别论》,二卷,坚意菩萨造。现存有二本:
一、五言的二十四颂,分为十二义,别别解释,这是贤首疏所依的
论本。二、总举七言的二十四颂,然后分十二义解释。论义相
同,都说是唐提云般若所译。然《开元释教录》所记,指五言颂
本说。

《究竟一乘宝性论》、《佛性论》、《大乘法界无差别论》,与
《无上依经》,意义都非常接近。这是西元四世纪末,论师将当
时流行的如来藏经典,分为十门(或十二义)而作贯摄的论集。
这还是如来藏说(没有引用《楞伽经》),不是"如来藏缘起"说。
大概与《宝性论》同时,传出了《楞伽经》,立"如来藏藏识",如
来藏与藏识合流,于是又有《大乘起信论》那样的论典。《起信
论》与《楞严经》有"疑伪"的传说,所以不加论列。

第三节　如来藏的名称与意义

如来藏说,是"后期大乘"(经)的主流,经"初期大乘"的演
化而来。"佛法"而演化为"大乘佛法",根本的原因,是"佛涅槃
后,佛弟子对佛的永恒怀念"。佛功德——如来光明智慧庄严
与净土庄严,菩萨的自利行与利他行,都在这一愿求下开展出
来。十方一切佛的功德庄严——理想中的佛陀,从菩萨行的实
践中实现出来,就是成佛。"初期大乘"中,广说十方佛与十方
净土,一切法本来不生,无量数大劫修菩萨行,向普遍、广大、悠
久、甚深而无限的展延。这样的佛陀,穷深极广,成佛是不太容

易的吧！这应该是佛弟子所迫切关怀的。"佛法"，原本是直从众生身心引导修行而证入的。"从博返约"，"后期大乘"的如来藏说，也就以"初期大乘"所阐明的，穷深极广的如来光明智慧庄严，直从众生身心中点出。一切众生有如来藏（或佛性），不但一切众生可以成佛，也提供了顿入、易成的法门。"即心是佛"、"即身成佛"等法门，由此而发展起来。

　　《宝性论》说："依如来藏有四种义，依四种义有四种名。"四名是：法身、如来、圣谛、涅槃①。《胜鬘夫人会》说："如来藏者，是法界藏，是法身藏，出世间藏，性清净藏。"②从如来藏的立场，贯摄经中的不同名义，可以理解这一思想系的源流。这些不同名称，主要是由佛而来的。如佛（buddha）、如来（tathāgata）、胜者（jina）、法身（dharma-kāya），都是佛的异名。佛的智慧，是无上菩提（anuttara-bodhi），略称菩提；离一切杂染而得解脱的，是涅槃（nirvāṇa）。菩提与涅槃，约佛的果德说。佛是大觉而圆成的，所体悟的名为法（dharma）、圣谛（ārya-satya）。"初期大乘"经中，多用法性（dharmatā）、（真）如（tathā）、法界（dharma-dhātu）、实际（bhūtakoṭi）等。这都是固有的名词，到表示众生本来有之的如来藏说兴起，"胎藏"、"界藏"、"摄藏"的意义重要起来，成立新的名词。如 garbha 是胎藏的藏：如来藏、佛藏、正觉藏、胜者藏、法界藏、出世间藏、性清净藏等，都是胎藏的藏。如来藏九种譬喻中，有贫女怀妊轮王喻，是胎藏的根本意义：与种姓（gotra）说有关。如 dhātu 是界藏的藏：佛界、如来界、法界、

---

① 《究竟一乘宝性论》卷三（大正三一·八三五中）。
② 《大宝积经》卷一一九《胜鬘夫人会》（大正一一·六七七下）。

涅槃界、众生界,都依界藏得名。dhātu,一般译为界,如六界、十八界等,是最常见的名词。《阿毗达磨俱舍论》卷一(大正二九·五上)说:

　　"法种族义,是界义,如一山中,有多铜铁金银等族,说名多界。"

　　界有多种意义,如山中的铜铁金银等族,是其中的一义,就是地下的矿藏。如来藏的九种譬喻中,有地有珍宝藏喻,就是界藏的譬喻。如《摄大乘论本》的"金土藏"喻,也是本有金而不见,经冶炼而才显现出来的①。界,或译为性,如法界或译为法性,如来界或译为如来性。胎藏与界藏是不同的,但在已经有了而还没有显现的意义上,胎藏与界藏相通,古代的译者,每互相通译。如《宝性论》的"僧次无碍性","皆实有佛性","性"在梵文中,都是胎藏(garbha)。反之,如来界也有译作如来藏的。这可见胎藏与界藏,在如来藏说的经论里意义相通。又如佛性一词,是中国佛教最熟悉的。从《宝性论》的梵语看来,汉译为佛性,或是佛藏(buddha-garbha),或是佛界(buddha-dhātu),所以佛性也不外乎胎藏与界藏。kośa,是摄藏,也就是俱舍。在《宝性论》中,都用作烦恼所藏,覆藏真实的意义。然《华严经·十地品》的法云地中,说到"如来藏解脱","法性藏解脱"②,如来藏的原语,是"如来俱舍"。又《大日经疏》释法界藏,"梵音云俱

---

　　① 《摄大乘论本》卷中(大正三一·一四〇下)。
　　② 《大方广佛华严经》卷二七(大正九·五七三上)。

舍"①。俱舍——摄藏，似乎也与胎藏、界藏相通。不过在如来藏思想中，通俗的胎藏说，是更重要的！

如来藏是"后期大乘"的术语，而如来与藏，却是印度世俗固有的文字，在如来藏说成立以前，如来与藏又是什么意义呢？如来，音译为多陀阿伽陀（tathāgata），在佛教中，是佛的德号。在佛经中，世尊的德号，广说有十号：如来，应供，正遍知，明行足，善逝，世间解，无上士，调御丈夫，天人师，佛。适中的有三号：如来，应供，正遍知。简要的，就称为如来。如来的意义，经论中解说极多，如《大智度论》卷二（大正二五·七一中）说：

> "云何名多陀阿伽陀？如法相解；如法相说；如诸佛安隐道来，佛如是来，更不去后有中：是故名多陀阿伽陀。"

多陀阿伽陀，一般译作如来，其实可以作三种解说。"如法相解"，是"如解"，约智慧的通达真如说，恰如一切法的实相而通达。"如法相说"，是"如说"，约恰如其分的说法说，所以说："如来是真语者，实语者，如语者，不诳语者，不异语者。"②"如诸佛安隐道来"，是"如来"，约一切佛的平等解脱说。过去佛是这样的，从安隐道来成佛，现在佛也是这样的来成佛。"如"是平等不二的实相，佛就是如如的圆满体现者，与一切佛平等，所以叫如来。虽有这三种意义，而一般都译为如来，重于果德的成就（来）。如来为十号的最前者，佛为最后者。如来与佛，一般也

---

① 《大毗卢遮那成佛经疏》卷一四（大正三九·七二五中）。
② 《金刚般若波罗蜜经》（大正八·七五〇中）。

可以通用。如释迦佛(Śākya)即释迦如来,然灯佛(Dīpaṃkara)即然灯如来;如来界即佛界,如来藏即佛藏。如来与佛,是世尊德号中最一般的。

作为世尊德号的"如来",并非佛教特有的术语,而是世俗语言,佛教成立以前印度文化中的固有名词。世俗一般及宗教学者,对如来是怎样解说的呢? 如《大智度论》卷五五(大正二五·四五四中——下)说:

> "或以佛名名为如来,或以众生名字名为如来。如先世来,后世亦如是去,是亦名如来,亦名如去,如十四置难中说。……佛名如来者,……从如中来,故名如来。"

如来,在佛教中是佛的别名,解说为"从如中来",就是悟入真如而来成佛的("乘如实道来")。在一般人,如来是众生的别名,所以说:"我有种种名,或名众生、人、天、如来等。"①换言之,如来就是"我"的别名。在释尊当时的印度宗教界,对于众生的从生前到死后,从前生到后世,都认为有一生命主体;这一生命自体,一般称之为我(ātman)。"我"从前世来,又到后世去,在生死中来来去去,生命自体却是如是如是,没有变异。如如不变,却又随缘而来去,所以也称"我"为"如来",也可以说"如去"。"十四置难",是释尊时代,一般宗教界所欢喜论究的十四个问题。这些难问,释尊一概置而不答,以不加答复来答复他们。"十四置难"中,就有如去、如不去、如亦去亦不去、如非去

---

① 《中论》卷四(大正三〇·三〇上)。

非不去——四问。十四置难，即十四无记，在《阿含经》中是一再见到的。《大智度论》这样说①：

　　1."何等十四难？……死后有神去后世，无神去后世，亦有神去亦无神去（后世），死后亦非有神去亦非无神去后世。"

　　2."有死后如去，有死后不如去，有死后如去不如去，有死后亦不如去亦不不如去。"

　　3.如佛问先尼梵志："汝见是色如去不？答言：不也。受、想、行、识如去不？答言：不也。色中如去不？答言：不也。受、想、行、识中如去不？答言：不也。离色如去不？答言：不也。离受、想、行、识如去不？答言：不也。汝更见无色、无受、想、行、识如去者不？答言：不也。……梵志本总相为我，佛今一一别问，以是故答佛言不也。"

比对前二则，有没有"神去"，就是有没有"如去"。"神"是"我"的旧译。佛与先尼梵志的问答，出于《阿含经》；《般若经》引佛与先尼梵志的问答，来说明大乘深义。经上问色如与受、想、行、识如的去不去，而龙树（Nāgārjuna）解说为："梵志本总相为我，佛今一一别问。"可见所问的"如"就是我，"如去"（约从前生来今生，可名"如来"）就是神我的来去。

"如来"一词所有的两种意义，就是佛法与世俗神教的差别。身心和合而有的众生，是世间的现实。释尊时代的印度，对

————————

　　①　1.《大智度论》卷二（大正二五·七四下）。2.《大智度论》卷七（大正二五·一一〇上）。3.《大智度论》卷四二（大正二五·三六八下）。

于众生的生命延续,从前生来今生,从今生去后世,已经是极大多数人的共同信仰。众生的前后延续,生来死去,总觉得有什么在来来去去,也就叫做"如来"或"如去"。到了宗教学者,要深一层地认识那生来死去的生命自体,也就是到底什么是生命自体。印度宗教界对生来死去的"我",推论出多种不同的见解。但有的世俗学者,找不到什么自我实体,因而怀疑死后去后世,而否定了生死的延续。于是"如去后世"、"如不去后世"等四个问题,经常被提出而论究起来。释尊开示的佛法,是"无我"论,没有自我实体,而在缘起(pratītya-samutpāda)的原理上,成立生死的延续,这与神教是根本不同的。在释尊的正觉中,没有神教所说的"我"——"如",没有如如不变而随缘来去的,所以释尊对他们提出的问题一向是不加理会。然在随顺世俗的语言中,也可以说我去,也可以说如来。因为众生的死生延续,是世俗的事实。在佛教自身,也有"如来",也是人、天那样有人格的,但给以新的解说。如来是"从如中来","从如实来",是真如的圆满体现者、如实道的成就者,也就是究竟圆满的大圣者。世俗一般的如来,佛法所说的如来,是根本不同的。然在佛教普及大众化的过程中,同一名词而有不同意义的如来,可能会不自觉地融混不分,而不免有世俗神教化的倾向。我觉得,探求如来藏思想渊源的学者,一般都着重在"藏",而不注意到"如来",这对如来藏思想的渊源,以及如来藏在佛法中的真正意义,可能得不到正确的结论! 所以,对如来是神我的异名这一世间神教学者的见解,有必要将它揭示出来。

　　garbha 是胎藏。印度宗教学而应用胎藏说的,非常古老。

在《梨俱吠陀》的创造赞歌中，就有创造神"生主"的"金胎"
说①。从金胎而现起一切，为印度古代创造说的一种。胎是胎
藏，所以这一创造神话，是生殖——生长发展说；是将人类孕育
诞生的生殖观念，应用于拟人的最高神（生主）的创造。大乘佛
教在发展中，如来与藏（界藏与胎藏）是分别发展的，发展的方
向也是极复杂的。超越的理想的如来，在菩萨因位，有诞生的譬
喻，极可能由此而引发如来藏——如来在胎藏的教说。从如来
藏的学理意义来说，倒好像是古代的金胎说取得了新的姿态而
再现。或重视如来藏的三义，以论究"藏"的意义。实则"如来
之藏"，主要为通俗的胎藏喻。如来在众生位——胎藏，虽没有
出现，而如来智慧德相已本来具足了。如来藏说，与后期大乘的
真常我、真常心——真常唯心论，是不可分离的。

---

① 《梨俱吠陀》（一○·一二一）。

第二章　如来藏思想探源

第一节　如来与法身

如来藏(tathāgata-garbha)是 tathāgata 与 garbha 的结合语，渊源于印度神教的神学，是不容怀疑的！然如来藏说的流行，是在大乘佛教后期(西元三世纪中)，与部派佛教及初期大乘佛教，不能说是没有关系的。应该是：正由于部派佛教及初期大乘的某些思想启发了如来藏说，使如来与藏相结合而流传起来。所以如来藏的研究，从部派佛教及初期大乘经中，探索可能引发如来藏说的思想因素，是非常必要的！不过自释尊入灭以来，佛法在长期的发展中，有意无意的，足以启发如来藏思想的，真可说头绪纷繁。这里只能就重要的几点，分别地加以探究。

如来藏说，是以如来(佛)为重要主题的。在佛教界，如来是释迦等一切佛的德号。释尊在世时，弟子们与如来共住，听佛说法。佛与弟子们一起往来，一起饮食、谈论，如来是那么亲切！什么是如来？这问题简直是不成问题。不过对如来的崇敬、了解，由于弟子们根机利钝的不同，观感上可能有些差别。特别是在宗教的领域中,无论是直接或从间接得来,如来有超越一般的能力——通,一定是早已存在的。然无论怎样,如来总还是人间的释尊。如来为三宝之一,为佛法住世的重要一环。自释尊涅槃以后,如来不再见了,由于信仰及归依的虔诚,永恒怀念,被解说为与如来藏为同一内容的法身,渐渐地在佛教界发展起来。

一、如来入涅槃后,如来的遗体,由在家弟子供养、火化、造塔;如来的遗教,由出家弟子结集。大众感觉到,如来的肉身已过去而不可再见了,好在传诵在弟子间的法(dharma)与律(vinaya)还在,如《增一阿含经》序说:"释师出世寿极短,肉体虽逝法身在。"①如来在世,以法、律利益众生。法与律长在人间,如依法、律修行,也就是见佛的法身了。

二、上座部(Sthavira)一分,如说一切有部(Sarvāstivādin)所说,代表了现实的、理性的立场。我们所归依的佛是什么?《阿毗达磨发智论》卷二(大正二六·九二四下)说:

> "若法实有、现有,想、等想,施设言说,名为佛陀,归依彼所有无学成菩提法。"

佛,不是因三十二相而名为佛的,由于有能成佛菩提无学法,所以名为佛。《发智》的释论——《大毗婆沙论》说:"今显此身父母生长,是有漏法,非所归依;所归依者,谓佛无学成菩提法,即是法身。"②有漏色身与无漏菩提法,《杂心论》也称为色身

①　《增一阿含经》卷一(大正二·五四九下)。
②　《阿毗达磨大毗婆沙论》卷三四(大正二七·一七七上)。

与法身①。佛的实体，是"无学成菩提法"——法身；色身只是佛
菩提的所依身，是有漏的，不是所归敬的对象。《俱舍论》以为：
依色身而能成佛，所以色身也应该是所归依的佛②。这近于经
部（Sūtravādin）本师矩摩逻多（Kumāralāta）"佛有漏无漏法，皆
是佛体"的主张③。但佛涅槃后，色身已灭尽了，还能成为归依
处吗？能成佛菩提的无学无漏法，就是如来所有的无漏五聚
（或写作蕴）——戒身、定身、慧身、解脱身、解脱知见身。五无
漏聚虽通于阿罗汉（arhat），佛是究竟圆满的。经上说：舍利弗
（Śāriputra）阿罗汉的无漏五聚，并不因涅槃而消灭④，那么佛的
五无漏聚——"五分法身"，当然也"法身不灭"了。"白法所成
身"，名为法身，约无学无漏的功德法说。

　　三、如来已经涅槃了，尽管信仰归依，而不能见佛，这是多么
令人失望的事！要求见佛的宗教情操，是可以理解出来的。如
《中论》卷四（大正三〇·三四下）说：

　　　　"是故经中说：若见因缘法，则为能见佛，见苦集
　　灭道。"⑤

　　《佛藏经》引经说："若人见法，是为见我（佛）。"⑥见缘起就
能见法，见法就是见佛，是引经的。现存的《中阿含经》说："见

---

　　① 《杂阿毗昙县心论》卷一〇（大正二八·九五三上）。
　　② 《阿毗达磨俱舍论》卷一四（大正二九·七六下）。
　　③ 《阿毗达磨顺正理论》卷三八（大正二九·五五七上）。
　　④ 《杂阿含经》卷二四（大正二·一七六下）。《相应部·念处相应》（南传一
六上·三八五）。
　　⑤ 《般若灯论释》卷一四（大正三〇·一二七下）。
　　⑥ 《佛藏经》卷上（大正一五·七八六下）。

缘起便见法,若见法便见缘起。"①《中论》所引的,可能是别部所诵的《中阿含经》说。释迦佛,七佛,都是观缘起而成佛的②,那么佛弟子如能观缘起而证入,不是与佛同证,而见佛之所以为佛吗?《义足经》说:佛从三道宝阶,从天来到人间,弟子们都来见佛。"一比丘"想起了佛的教说,观缘起无常、苦、空、无我,悟入了初果。那时,莲华色(Utpalavarṇā)比丘尼抢着在前礼佛③。《大智度论》卷一一(大正二五·一三七上)说:

> "佛告比丘尼:非汝初礼,须菩提最初礼我。所以者何? 须菩提观诸法空,是为见佛法身。"

观空无我法,也就是礼佛,如《增一阿含经》所说④。须菩提(Sudhūti)观缘起空无我而证入,就是见佛。禅者称悟入为"与佛心心相印","与佛一鼻孔出气",是与"见法即见佛"的理念相契合的。如《佛垂般涅槃略说教诫经》(大正一二·一一一二中)说:

> "诸弟子展转行之,则是如来法身常在而不灭也。"

佛将入涅槃,弟子们懊恼怅惘,觉得失去了依止的大师,所以佛这样的开示大众。只要佛弟子能如法修行,那么佛的法身

---

① 《中阿含经》卷七《象迹喻经》(大正一·四六七上)。《中部》(二八)《象迹喻大经》(南传九·三四〇)。
② 《杂阿含经》卷一二(大正二·八〇中——下),又卷一五(大正二·一〇一上——下)。
③ 《义足经》卷下(大正四·一八五下)。
④ 《增一阿含经》卷二八(大正二·七〇七下——七〇八上)。

就常在人间而不灭。因为有如法的修行者，就有如法的证见者，就有"见法即见佛"的。法身呈现于弟子的智证中，即是"法身常在而不灭"（如没有修证的，法身就不在人间了）。这一充满策励与希望的教授，勉大众如法修行，比后代的法身常住说，似乎有意义得多！

上来三说，一是教（法义）法身，二是功德法身，三是理法身。在少数出家人中，依法而受持、修行、体悟，达成了法身尚在的满足。但对僧团内的青年初学、社会的一般信众，怀念如来的内心依赖感是不容易满足的。原因是：生身与法身的对立，法身限于无漏功德及体悟的谛理，否定色身是所归依的佛。《瑜伽师地论》引"体义伽陀"说："若以色量我，以音声寻我，欲贪所执持，彼不能知我（佛）。"①这就是《金刚经》所说，"若以色见我"颂。没有色声相好的法身如来，在一般人来说，缺乏具体的人格性；一般人心目中的如来，是人那样的（释尊本来是这样的），所以上座部（除一部分分别论者）为主的法身如来观，不容易成为一般人的信仰。

大众部（Mahāsāṃghika）系的如来观也在发达起来，那是信仰的、理想的如来观。大众部的信念是②：

1. "大众部……诸佛世尊皆是出世，一切如来无有漏法。"

---

① 《瑜伽师地论》卷一九（大正三〇·三八二中）。

② 1.《异部宗轮论》（大正四九·一五中）。2.《阿毗达磨大毗婆沙论》卷四四（大正二七·二二九上）。3.《阿毗达磨大毗婆沙论》卷一七三（大正二七·八七一下）。

2."如大众部,彼作是说:经言:如来生在世间,长在世间,若行若住,不为世法之所染污。由此故知如来生身亦是无漏。"

3."分别论者及大众部师,执佛生身是无漏法。"

说一切有部等,立父母所生的色身与法身,以为如来的色身是有漏的。大众部以为:如来的色身,身中的一切,都是出世的、无漏的,大众部的如来观,显然是超越常情的! 如《摩诃僧祇律》卷三一(大正二二·四八一上)说:

"耆旧童子往至佛所,头面礼足,白佛言:闻世尊不和,可服下药。世尊虽不须,为众生故,愿受此药! 使来世众生,开视法明,病者受药,施者得福。"

如来有病,由耆旧——耆婆(Jīvaka)处方服药,是诸部广律一致的,但《僧祇律》以为:如来实际是不用服药的,为未来的病比丘着想,所以才方便地服药。这是说:如来生身是无病的,不会患病的。依此推论,如来的饮食、睡眠、大小便利等,当然都不会有的。属于大众部末派的《增一阿含经》就这样说①:

"如来身者,清净无秽,受诸天气。"

"清净无秽","受诸天气",是说如来生身没有便利等污秽,不受人间的饮食。所以,似乎有饮食、便利,其实都是方便示现,实际上如来身并不是这样的。如来身出世无漏的信念发展起

① 《增一阿含经》卷二一(大正二·六五七中)。

来,如《异部宗轮论》(大正四九·一五中——下)说:

> "此中大众部、一说部、说出世部、鸡胤部,本宗同义
> 者,谓四部同说:诸佛世尊皆是出世,一切如来无有漏法。"
>
> "诸如来语皆转法轮,佛以一音说一切法,世尊所说无
> 不如义。"
>
> "如来色身实无边际,如来威力亦无边际,诸佛寿量亦
> 无边际。……一刹那心了一切法,一刹那心相应般若知一
> 切法。"

"诸佛世尊皆是出世,一切如来无有漏法",是大众部等如
来观的根本信念。"转法轮"等三句,表示如来说法的不可思
议。"如来色身实无边际"以下,从多方面表示如来的究竟圆
满。"寿量无边际",是尽未来际,直到永远的永远;如来是恒有
的常住的。"色身无边际",是身体的无所不在;色身的相好庄
严,是无穷无尽的。"一刹那心了一切法,一刹那心相应般若知
一切法",是心智的无所不知;不但无所不知,而且还是念念无
所不知。"威力无边",是能力的无所不能。如来身是无所不
在,无所不知,无所不能,而又是永恒常在的,这是究竟圆满的真
实的如来。无漏的出世的如来身,从人间身中显出,是人、天那
样有色相的。《法华经》说"微妙净法身,具相三十二"①,就是
这样的法身。在初期大乘经中,人间生身与法身,起初是没有严
密分别的②,后来才分别为法身与化身(后来更分别三身、四身

----

① 《妙法莲华经》卷四(大正九·三五中)。
② 《鸠摩罗什法师大义》卷上(大正四五·一二三下)。

等）。法身或法性身，是色相庄严的。方便示现的如来虽涅槃了，而如来并没有涅槃，是真实存在的；无时无处，不在应机而利益众生。

"初期大乘"经所说的如来身，深受大众部的影响。但起初，注意到人间成佛、涅槃的事实，所以多数大乘经说如来寿命多少劫，然后入涅槃，没有说"寿量无边际"。大众部系的如来观，在大乘经中，通过了甚深法性的体现。在对于如来的正观，如《阿閦佛国经》说："如仁者上向见（虚）空，观阿閦佛及诸弟子等，并其佛刹当如是。"①《摩诃般若波罗蜜经》说："若法自性无，是为无所有。何以故？无忆故是为念佛。"②《金刚般若经》说："若见诸相非相，则见如来。"③《如幻三昧经》说："察于如来如虚空界，……如来如虚空，虚空、如来则无二矣。"④《诸佛要集经》说："如来至真不可得见，……如来何在而欲见耶？""诸如来等则为法身，无有色像，佛身无漏。……无像无见，不可捉持，（如）欲睹虚空而不可见。"⑤《文殊般若经》说："不生不灭，不来不去，非名非相，是名为佛。"⑥《思益经》说："不以色见佛，不以受、想、行、识见佛，是名归依佛。"⑦《维摩诘所说经》说：佛"不

① 《阿閦佛国经》卷下（大正一一·七六〇中）。
② 《摩诃般若波罗蜜经》卷二三（大正八·三八五中）。
③ 《金刚般若波罗蜜经》（大正八·七四九上）。
④ 《如幻三昧经》卷上（大正一二·一三九中）。
⑤ 《诸佛要集经》卷上（大正一七·七六二下），又卷下（大正一七·七六五中——下）。
⑥ 《文殊师利所说摩诃般若波罗蜜经》卷上（大正八·七二八上）。
⑦ 《思益梵天所问经》卷三（大正一五·四八中）。

可以一切言说分别显示"①。《般若》及有关文殊（Mañjuśrī）的
经典，念佛、见佛，着重于超越色相、有无的胜义（如、法界等），
如《诸佛要集经》卷上（大正一七·七六二下）说：

> "无形而现形，亦不住于色，欲以开化众（生），现（色）
> 身而有（所）教（化）。佛者无色会，亦不著有为，皆度一切
> 数，导师故现身。"

佛没有色像，为众生而现色像，色相庄严是示现的，不可以
色、声等相去拟想如来。这是"法身无色"说，从"真空观"来，是
上座部（说一切有部等）色相非佛，功德、法性为法身的大乘化。

《般舟三昧经》的念佛、见佛，佛是具足色相庄严的。见佛
而了解为"唯心所现"，然后悟入空性②。这一思想，充分发达而
表显于《华严经》。色相庄严与法界不二，佛超越一切，惟有虚
空勉强地可以作为譬喻，然到底着重于从色相庄严的无尽无碍，
去表现如来的究竟圆满。这是"法身有相"说，从"假相（胜解）
观"来，更近于大众部"色身无边际"的佛身。在如来藏说中，法
身为如来藏的同义词，色相庄严，是与《华严经》的如来相近的。

第二节　如来与界

如来界，是如来与界的结合词。在如来藏说成立以前，"初
期大乘"经中，已有如来界一词；而"原始佛教"中，"界"是极重

---

① 《维摩诘所说经》卷下（大正一四·五五五上）。
② 《般舟三昧经》卷上（大正一三·九〇五上——九〇六上）。

要的术语。在佛法的发展中,界是怎样成立如来界,又进而与如来藏合流呢? 这是非常有意义而值得探究的! 在原始结集中,界与界相应而组成一类——"界相应"(dhātu-samprayukta)①。"界相应"中,十八界、七界、六界等,数量是很多的。《中阿含经》有《多界经》,共立六十二界,是说一切有部所传的。南传《中部》立四十一界,是铜鍱部(Tāmraśāṭīya)所传的。赵宋法贤的异译本,名《四品法门经》,立五十六界②。在早期的经典中,界是重于"多界"——种种界的。如《杂阿含经》说:"当知诸界,其数无量"③,界是无量无数的。界的重要意义,一、"众生常与界俱,与界合"。如善心与善界俱,不善心与不善界俱;如善行者与善行者共俱,恶行者与恶行者共俱。众生与界和合,如"胶漆得其素,火得风炽然,珂乳则同色;众生与界俱,相似共和合,增长亦复然"④。界不是现行心,也不是众生,而是与(心)众生相对应、相和合,而助增势力的。二、"缘种种界,生种种触"等,界是十八界。言说,见,想,思,欲,愿,士夫,所作,施设,建立,部分,显示,受生,这都是缘(根、境、识)界而生起的⑤。三、众生生死流转,都缘界而起;出离方面,解脱界——"断界、无欲

---

① 《相应部·界相应》(南传一三·二一〇以下)。《杂阿含经》卷一六、一七(大正二·一一四下以下)。

② 《中阿含经》卷四七《多界经》(大正一·七二三中——下)。《中部》(一一五)《多界经》(南传一一下·五八——五九)。《四品法门经》(大正一七·七一二下——七一三上)。

③ 《杂阿含经》卷一六(大正二·一一五上)。

④ 《杂阿含经》卷一六(大正二·一一五上——下)。

⑤ 《杂阿含经》卷一六、一七(大正二·一一六上——中、一一七上)。

界、灭界",是修止观而得的①。光界……灭界——七界,是正受
(三摩跋提)所得的②。从上来所说,界的含义,是相当复杂的!
《瑜伽论》说:"因义、……本性义,……是界义。"③界(dhātu),从
dha 而来,有"根基"、"成素"的意义④。构成事物的元素,对成
果说,是"因义";约自体说,是"不失自性"的本质、质素(性)。
界是种种不同的,所以《俱舍论》说:"有说:界声表种类义。"⑤
如地是坚性,水是湿性,立为"地界"、"水界"。对他,是不同的
别类(别性);对同一性的,是共同的通类(通性)。不过遍通一
切的大通性(界),在原始的教典中,似乎还没有说到。界有
"性"义、"类"义、"因"义,但因是依止因,如"无明缘行","根境
识缘触",与后代的种子因不合。

　　法界,《杂阿含经》已经说到了。在十八界中,与意根界、意
识界相关的,是法界。依古人解说,法界的内涵极广,十七界以
外的,都属于法界。如约意识能知一切法来说,一切法都可以摄
属法界。《中阿含经》说:舍利弗自己说:世尊如在一日一夜到
七日七夜中,以异文异句而问同一意义,我也能够在一日一夜到
七日七夜中,以异文异句来解答同一意义。佛赞叹舍利弗,的确
能这样地回答,因为"舍梨子比丘深达法界故"⑥。舍利弗的"深
达法界",就是大智的"深入法界",法界是什么意义呢? 佛为比

---

①　《杂阿含经》卷一七(大正二·一一八中)。
②　《杂阿含经》卷一七(大正二·一一六下)。
③　《瑜伽师地论》卷五六(大正三〇·六一〇上)。
④　《望月佛教大辞典》(三七五)。
⑤　《阿毗达磨俱舍论》卷一(大正二九·五上)。
⑥　《中阿含经》卷五《智经》(大正一·四五二中)。《相应部·因缘相应》(南
传一三·八一)。

丘说缘起法,说到了法界。这一段文,与大乘深法性有深切的关系,引有关的不同译文如下①:

1.《杂阿含经》:"若佛出世,若未出世,此(缘起)法常住,法住,法界。……此等诸法,法住,法空(?),法如法尔,法不离如、法不异如,审谛、真实、不颠倒。"

2.《舍利弗阿毗昙论》:"若诸佛出世,若不出世,法住,法界(?),住彼法界。……若如此法,如尔非不如尔,不异不异物,常法,实法,法住,法定:如是缘,是名缘。"

3.《阿毗达磨法蕴足论》:"若佛出世,若不出世,如是缘起,法住,法界。……此中所有法性,法定,法理,法趣;是真,是实,是谛,是如,非妄,非虚,非倒,非异:是名缘起。"

4.《阿毗达磨大毗婆沙论》:"如来出世,若不出世,法住,法性。……。"

5.《瑜伽师地论》:"……。法性……法住……法定……法如性……如性非不如性……实性……谛性……真性……无倒性非颠倒性……此缘起顺次第性。"

6.《相应部》:"诸如来出世,若不出世,(法)界,法住,法定,即相依性。……如,不虚妄性,不异如性:此相依性名为缘起。"

---

① 1.《杂阿含经》卷一二(大正二·八四中)。2.《舍利弗阿毗昙论》卷一二(大正二八·六〇六中)。3.《阿毗达磨法蕴足论》卷一一(大正二六·五〇五上)。4.《阿毗达磨大毗婆沙论》卷二三(大正二七·一一六下)。5.《瑜伽师地论》卷九三(大正三〇·八三三上)。6.《相应部·因缘相应》(南传一三·三七),今参照叶阿月《唯识思想之研究》(三一七——三一八)。

　　不同译本的《缘起经》，有二节。《大毗婆沙论》仅引用前一节；《瑜伽师地论》是在解说后一节中，将解说的术语摘录下来。从经文中，可以理解到几点：一、《大般若经》中，作为真如的异名，（真）如、法性、法住、法定、法界、不虚妄性、不异如性等，都可以从上引经文中发现。在大乘法中，真如、法界等是极重要的术语，都见于《缘起经》，这实在是理解从声闻佛法而演化为大乘佛法的关键性经典。二、法住，梵语 dharmasthititā，巴利语作 dhammaṭṭhitatā。梵语的 dharma-niyāmatā，巴利语作 dhamma-niyāmatā，玄奘是译作"法定"的，近人或译为"法决定性"、"法确立性"。在鸠摩罗什（Kumārajīva）的译典中，有"法位"一词。入"正性离生"，或作"正性决定"①。入正性决定，或译作入正决定，罗什是译作"入正位"的。niyāma——尼夜摩，罗什译作"位"，所以"法位"是 dharma-niyāmatā 的别译。依此，《杂阿含经》的"法空"，比对其他译本，可断定为"法定"的误写。三、《阿含经》说缘起法，法性、法住、法定、法界，是表示缘起法的意义。缘起"法"是佛出世也如此，不出世也如此，有常住、恒住的意义，所以分别论者立缘起无为②。四、《相应部》但说"界"，说缘起法是相依性（idappaccayatā）；《瑜伽论》没有"法界"，而说"缘起顺次第性"。依因而果的次第决定性；"此有故彼有，此生故彼生，此无故彼无，此灭故彼灭"的相依性，就是缘起法的"界"性，界是相依因。五、佛依中道说法，就是缘起。依缘起而向两方面展开："此有故彼有，此生故彼生"，相依而起的因果次

---

　　①　《阿毗达磨大毗婆沙论》卷三（大正二七·一三上——中）。
　　②　《阿毗达磨大毗婆沙论》卷二三（大正二七·一一六下）。

第,开示了世间生死。又从"此无故彼无,此灭故彼灭"——因灭则果灭的相依性,显示了出世的涅槃。这两方面,就是有为与无为;佛称叹为缘起甚深,寂灭更甚深①。佛的处中说法,是依缘起法界——相依性原理而表达出来的。六、释尊的教说,依缘起中道而开显,在修学上,是有先后性的:先知缘起,次得涅槃,所以说:"不问汝知不知,且自先知法住,后知涅槃。"②法住智,正知缘起因果的安住不乱。能知缘起,无明、我见为上首的"见烦恼"被摧破了,贪、嗔等"爱烦恼"也渐渐除灭;心无所取、无所著、无所住,能契入涅槃,得解脱自在。悟入次第,部派间异说极多,这只是依《阿含经》说,略作条理而已。

"初期大乘"兴起,在修证的方法上,与《阿含经》说是有些不同的。大乘直示生死与涅槃不二,说"一切法本不生","一切法本来寂静"。依"原始般若"说:一切执著,一切分别想念,都与般若不相应。与分别想念相对应的语言名字,是虚妄而不可得的。所以直从"但名无实"下手,于一切无所取著,能直入一切法无生。《大品般若经》综合了"如,法性[界],实际"为一类③。被解说为涅槃的异名,如《摩诃般若波罗蜜经》卷一七(大正八·三四四上)说:

"深奥处者,空是其义,无相、无作、无起、无生、无染、离、寂灭、如、法性、实际、涅槃,须菩提! 如是等法,是为深

---

① 《杂阿含经》卷一二(大正二·八三下)。
② 《杂阿含经》卷一四(大正二·九七中)。《相应部·因缘相应》(南传一三·一八〇)。
③ 《摩诃般若波罗蜜经》卷一(大正八·二一九下)。

奥义。"

《般若经》所说的最深奥者，是重在胜义的。真如、法界与空（śūnyatā）、无生（anutpattika）、寂灭（vyupaśama）涅槃（nirvāṇa），是同一内容的不同说明，可见《般若经》是以真如、法界等表示涅槃的，而这也就是一切法性。如、法界、实际，在般若法门的发展中，更类集为十名或十二名；而另一开展，与文殊师利有关的经典，除了引用如、法界、实际外，特别重视"法界"，并说到了种种界。如晋竺法护所译的《文殊师利现宝藏经》说："人种［众生界］，法界，虚空界，而无有二。"①经末的"法界不坏颂"也说：我种，法界，人士［众生］，慧疆，法界，尘劳，（虚）空种等一切平等②。经中所说的种、疆、界，依异译《大方广宝箧经》，都是"界"的异译。梁僧伽婆罗的《文殊师利所说般若波罗蜜经》，说到：众生界，如来界，佛界，涅槃界；法界，无相，般若波罗蜜界，无生无灭界，不思议界，如来界，我界——平等不二③。《文殊般若经》的传出迟一些，如来藏说习见的名词，如如来界、佛界、我界，都出现了。然《文殊师利现宝藏经》已说到了我界，这是竺法护在泰始六年（西元二七〇）译出的。与文殊有关的经典，所说的法界，也有"我"的意义，这留在下一节去说。这里所要说的，文殊经典所说的法界，着重在"一切法入于法界，一切法不出于法界"，如《入法界体性经》（大正一二·二三四下）说：

---

① 《文殊师利现宝藏经》卷下（大正一四·四六〇下）。
② 《文殊师利现宝藏经》卷下（大正一四·四六五下——四六六上）。
③ 《文殊师利所说般若波罗蜜经》（大正八·七三七上）。

　　"文殊师利！我不见法界有其分数。我于法界中，不
见此是凡夫法，此是阿罗汉法、辟支佛法，及诸佛法。其法
界无有胜[特殊]异[差别]，亦无坏[变异]乱。文殊师利！譬
如恒河，若阎摩那，若可罗跋提河，如是等大河入于大海，其
水不可别异。如是文殊师利！如是种种名字诸法，入于法
界中无有名字差别。文殊师利！譬如种种诸谷聚中，不可
说别，是法界中亦无别名：有此、有彼，是染、是净，凡夫、圣
人及诸佛法，如是名字不可示现。"

　　《入法界体性经》，是隋（西元五九五）阇那崛多所译，译出
的时代很迟，但本经的初译——《宝积三昧文殊师利菩萨问法
身经》，如译法界为"法身"，与后汉支娄迦谶（Lokarakṣa）的《阿
阇世王经》相同，至少这是西晋时代的译品。《问法身经》中，也
说到了四河入海与谷聚的比喻①。竺法护（西元二六六）的另一
译品《须真天子经》也说："万川四流，各自有名，尽归于海，合为
一昧。所以者何？无有异故也。如是天子！不晓了法界者，便
呼有异，晓了法界者，便见而无异也。……总合聚一切诸法
故。"②法界的独到意义，在大海与谷聚的比喻中，可以理解出
来。法界是一切法普遍的绝对真理，古人称之为"一大总相法
门"。在法界中，一切法都无二无别，没有数量的多少，也没有
质量的高下与胜劣。本来，《般若经》所说真如、法界等，都是同
一内容，（真）如也是一切法的本性，无差别、变异，与法界没有

① 《宝积三昧文殊师利菩萨问法身经》（大正一二·二三七中）。
② 《须真天子经》卷四（大正一五·一一一上）。

什么不同。不过,《般若经》重于真如,重在于一切法中,显无差别——如性。如,不即一切法,不离一切法,所以真如无差别中,可说一一法的如性,这是重于向上体悟的。法界当然也含有这样的意义,但倾向于"大一",有从法界来了达一切法的意思。如《须真天子经》卷四(大正一五·一一一上)说:

> "譬若天子! 于无色像悉见诸色,是色亦无,等如虚空也。如是天子! 于法界为甚清净而无瑕秽。如明镜见其面像,菩萨悉见一切诸法,如是诸法及与法界,等净如空。"

经文举了两个比喻:如虚空中现色像,如明镜中见面像。如像是明镜所影现的,不离明镜,并没有像的实体可得。明镜是明净的,像也是明净的,没有秽染,平等平等。明镜如法界,像如一切法。又如色像在无色像的虚空中显现,色像没有实体,与虚空是没有差别的。虚空如法界,色像如一切法。在这两个比喻中,表示了一切法在法界中不可得,又表示了依法界而现诸法的意义,界是"依"义,也是"性"义。从"大一"来说法法平等,《般若经》的如性,是没有这样说的。如虚空,如像,是《般若经》常用的譬喻,但比喻一切法无所有、不可得,而不是表示虚空与明镜为依的。文殊法门显然有了"假必依实"(超越的实理)的意境,向"妙有"(中国佛学的术语)而演进!

《杂阿含经》说:"众生界无数无量。"在《相应部》中,众生界(sattva-dhātu)作 pāṇa,是生类的意思①。《杂阿含经》的众生

---

① 《杂阿含经》卷一六(大正二·一一三中)。《相应部·谛相应》(南传一六下·三六九)。

界,也不外乎是众生类。然在大乘经,尤其是与文殊有关的经典,众生界与我界,都流行起来。众生界,原意只是众生类。虚空界就是空间,《阿含经》的六界之一。众生是六界和合所成的,所以界是构成的因素。《般若经》常用虚空界作譬喻,比喻无数、无量、无所有等。《般若经》的虚空界喻,是世俗所共知而作譬喻的,起初并不含高深的意义。众生与我,都是神我的异名,现在都称之为"界",与法界、虚空界无二无别。法界已含有深义,如上文所说。经中的众生界与我界,决不是世俗的假名我,而已存有深义。"界",已被作为形而上的真理的别名。在"界"的意义中,一切是无二无别的,于是法界与众生界,众生界与如来界……,都无二无别,有超越名相的特性。

如来界,与如来的舍利(śarīra)有关。唐玄奘所译的《甚希有经》,与失译的《未曾有经》是同本异译。经文赞叹为如来舍利造塔(stūpa)的功德,即使"佛驮都如芥子许",也是功德不可思议。真谛所译的《无上依经》,二卷,分七品。《校量功德品第一》,就是《甚希有经》的异译。第二品以下,是《如来界品》、《菩提品》、《如来功德品》、《如来事品》。这四品的内容是如来藏法门。如来藏法门与赞叹如来舍利功德怎么会联结在一起?佛舍利,是如来的遗体。造塔供养的如来舍利,是荼毗(jhāpita)以后所留下来的粒形的舍利。如来舍利,也名为佛驮都(buddha-dhātu)、如来驮都(tathāgata-dhātu),就是佛界与如来界,或译作佛性与如来性,这是部派佛教熟习的名词。如来舍利与如来藏的或名如来界,名称竟完全相同! 一向流传于佛教界的"如来驮都"——如来界,对或名如来界的如来藏说,不能说没有关系的。

古代的造塔供养舍利，与念佛有关。佛弟子崇敬怀念如来，归依如来，而佛涅槃以后，缺乏崇敬的具体对象，适应一般人的需要，所以崇敬如来的舍利。如来舍利，是如来遗体的一分，所以佛舍利名佛驮都，"界"是"性"的意义。古人恭敬供养舍利，依舍利而直觉地想见如来，如亲见如来一样。供养舍利，不止是形式的礼敬，虔信而怀念于佛的，可能有深一层的意义。还有，荼毗留下来的如来舍利，只是遗体物质，然在佛教的传说中，不论是南传、北传、印度、中国，舍利有放光、动地等瑞应。在一般信众的心目中，舍利是充满神秘性的。舍利的神妙，与信仰中的如来，在宗教的意境中是可能合一的。开塔（见舍利而）见佛，就是这一宗教事实的说明。如《妙法莲华经》卷四（大正九·三三中——下）说：

> "释迦牟尼佛以右指开七宝塔户，出大音声，如却关钥，开大城门。即时一切众会，皆见多宝如来，于宝塔中坐师子座，全身不散，如入禅定。……多宝佛于宝塔中，分半座与释迦牟尼佛，而作是言。"

多宝佛是过去佛，已经涅槃了。"如入禅定"的"全身不散"，是全身舍利。供养在七宝塔中的，是全身舍利——如来界，而开塔所见的就是多宝如来。有分座的动作，有说话的声音，经文暗示了如来常住不般涅槃的深义。但从大众所见来说，开塔见佛，就是依佛舍利——如来界而现见如来。又唐译《大方广佛华严经》卷六八（大正一〇·三六六上——中）说：

　　"南方有城,名善度。中有居士,名鞞瑟胝罗,彼常供
养栴檀座佛塔。"

　　"居士告言:善男子! 我得菩萨解脱,名不般涅槃
际。……我开栴檀座如来塔门时,得三昧,名佛种无
尽。……我入此三昧,随其次第,见此世界一切诸佛。"

　　鞞瑟胝罗供养的佛塔,当然是舍利塔。开塔、得三昧见佛,
与观佛相好、得三昧见佛一样。当大乘兴起,观佛像相好而见佛
的法门流行,也该有念佛舍利(早期的供养舍利与后来的供养
佛像,意义完全一样)而见佛的,鞞瑟胝罗居士就是实例。从舍
利(如来界)而现见如来,与从如来藏(界)而显出如来,思想是
一脉相通的,都以"不般涅槃"的理念为前提。如来界(藏)说的
兴起,与如来舍利有关,《无上依经》的结合,是不无理由的!

第三节　如来与我

　　如来的世俗解说,释尊时代已经是神我(ātman)别名,所以
在佛法流行中,如来而被作为神我型去解说,是非常可能的。如
来界、如来藏与如来有关,而如来与神我有关,所以讨论有神我
色彩的如来藏说,应注意佛教界对于"我"的意见!

　　释尊的一代教法,以缘起、无我(nir-ātman)为宗要,虽然在
某些大乘经中,"无我"已被巧妙的譬喻,而判为方便说了! 如
尊重史实,那么释尊的无我说,正是针对当时印度宗教的"我",
否定神我而树立源本于正觉的正法(sad-dharma)。印度古代的
宗教文化,经吠陀(Veda)、梵书(Brāhmaṇa)而大成。到了奥义书

(Upaniṣad)时期,梵(brahman)为最高原理,为万有的本体,一切由梵而化出。梵的神格化,就是梵天;梵天自称是常住不变,创造世界以及人类。在当时,人在世间的意义,生与死,生死流转与解脱,受到神学的重视,"我"也就成为重要的问题。我,只是常识中的自己,但在神学的要求中,寻求真正的自我,终于成立"梵我一如"说。梵是万有的实体,我是个人生命的主体;我就是梵,在梵而成为众生(sattva)时,我就是众生的生命当体。论性质,我与梵是同一的。这样的我,是神学的产物。当时的宗教界,以为"自我"的证知,为解脱生死的关要;解脱就是自我的脱离流转,复归于梵,与梵合一。我与梵同体,据一般的意见,我(与梵)是常住不变的、喜乐的、知的。释尊面对这印度宗教的主流(及其他形形式式的"我"),依正觉的证知,展开以"无我"为关键的佛法。

　　有身心活动的众生,是世间的事实;自称为我,释尊也没有例外。在世俗语言法中,"我"是常识的真实,没有什么不对的。但众生直觉得自己的真实存在,而不知认识中含有根本的谬误,我见是生死流转的根本,人间苦乱的根源。宗教学者,依直觉到的自己,进而探求"我"究竟是什么,引出神秘的真我说,虽所说不完全一致,而都出于思辨与想像(分别我执)。释尊为了破除神学及一般人的迷执,所以宣说"无我"。依释尊的正观,种种的"我"说,不外乎"命异身异"、"命即是身"的二根本见①。身(kāya)是身心和合的自身,命(jīva)是我的别名。"命异身异",

———————

①　《杂阿含经》卷一二(大正二·八四下)。

以为我与身心不同，我是身心以外的另一实体。身体死了，身外的我还是存在的，流转于生死中，这是常见（śāśvata-dṛṣṭi）。"命即是身"，以为我不离身心，身死而我也就没有了，这是近于唯物论的，是断见（uccheda-dṛṣṭi）。遣除我执，如《杂阿含经》卷一（大正二·六中）说：

> "彼一切色（受、想、行）……彼一切识，不是我，不异我，不相在，是名如实知。"

释尊以为：现实存在的众生，如加以分别，只是五蕴，或六处、六界的总和。所以经中依色等五蕴，而一一地加以观察。一、无论是色……是识，都不能说是我，这就否定了"命即是身"的"即蕴计我"。二、也不是离五蕴而可说有我——"不异我"，这就否定了"命异身异"的"离蕴计我"。三、也不可能"相在"，相在是（以为身与我不同，而又）执色等蕴（藏）在我中，或我（藏）在色等蕴中。色等不在我中，我不在色等中，所以说"相在"也是不能成立的。色等蕴为什么不是我呢？其理由如《杂阿含经》卷一（大正二·二上）说：

> "比丘！色无常，无常即苦、苦即非我，非我者即非我所。如是观者，名真实正观。（受、想、行、识，也是这样）"

色、受、想、行、识——我们的身心，所以什么都不是我，原因为"无常故苦，苦故非我"。一切是生灭变易法，不是常恒的。没有常恒的，一切终归于变坏，不安定，不彻底，所以是苦的。是无常，是苦，就不能说是我。因为神学所说的我，是常住的、喜乐的;常乐的所以是我,我是自由(主宰)的意思。释尊依现实身心去观察,以"无常故苦,苦故非我",否定了色等是我。印度的神教,以为唯有证知自我,才能解脱。依佛法说,"我",无论是众生的自我直觉,或宗教家的神秘真我,都出于同一的迷谬根源,正是生死根本。唯有彻底的无我观,体见正理,才能得到解脱。所以"诸行无常"、"诸法无我"、"涅槃寂静",成为佛法的"三法印"。是佛法与非佛法,了义或不了义,都依此为准绳而得到决定。

　　色等法无常故苦,苦故非我,所以色等都不能是我,那为什么不能离色等而别立真我的存在呢?《杂阿含经》卷二(大正二·一一中)说:

　　　　"诸沙门、婆罗门见有我者,一切皆于此五受阴见我。"

　　印度的婆罗门,是传统的宗教。如《奥义书》等所代表的。沙门(śramaṇa)是东方新起的宗教,如耆那教(Nigaṇṭha)等。传统的、新起的宗教,都是主张有神我的。他们所计著的我,虽多少不同,而都是依于现实身心——五受阴(新译作"五取蕴")而起执著的。如离去五取蕴,那怎么会知道有我呢! 如《奥义书》所说,我是常的、乐的、知的。喜乐是受蕴,知是识蕴,依于现实的受与识,而推论想像为微妙的、神秘的"乐"与"知"。如离开现实的五蕴,哪里会有乐与知的概念? 所以,不可以为五蕴不是我,而想像为并非没有我,可能还有"我"的存在! 观五蕴非我,也不能离五蕴立我,"不是、不异、不相在",说明了一切我不可得的"无我"。还有,无我的实践意义,由于我不可得而遣除我

见——一切烦恼的根源。印度宗教界,如耆那教、数论(Sāṃkhya)
等,也说到了无我无私,以为应遣除私我的妄执,自我才能得解
脱,这仍旧是有我的。在佛法中,不但五蕴无我,即使证入正法,
也还是无我——"不复见我,唯见正法"①。体悟的"正法",是
自然法而非人格化的,这是佛法与神教的最大区别。如形容
"正法"而人格化的,那佛法也就有倾向有我论的可能。

　　人类感觉到自己的存在,觉得自己就是自己,一直是这样。
性格的定型,身心现象的微妙,外道就以"扬眉瞬目"、"呼吸"、
"睡、醒觉"等现象,为自我存在的证明。释尊的开示,论证五蕴
"不是、不异、不相在","我"是一切处求都不可得的,达到了"诸
法无我"的定论。早期的佛教,保持了佛教的这一正统的见地。
约在西元二、三世纪间,佛教内分化出有我论的部派,就是被称
为"附佛法外道"的犊子部(Vātsīputrīya),及再分出的部派。这
是上座部系的通俗派,信众极多。以后,还有别的有我论,及类
似有我论的部派出现。佛教的这一演变,可能受到世俗神我说
熏染,而主要是,佛法的某些问题,不能使一般信众了解与信受,
终于采取了修正过的神我说。

　　佛说无常、无我、涅槃,是佛法的最甚深处,对一般人来说,
是非常难以理解(难以信受)的。如人类有"记忆"现象,但无常
而论到彻底的刹那生灭,也就是最短的时间,还是生而即灭的。
如刹那生灭——无常,那前一念所知所见的,刹那间就灭去,后
念生起时,早已没有前念了。前念与后念,异生异灭,怎么会有

---

　　① 《杂阿含经》卷一〇(大正二·六七上)。

记忆的可能？记忆，总要有一贯通前后的，才能保持过去的经验到现在，而有再忆念的可能——这是"记忆"问题。当时的印度宗教界，承认前死后生，一生一生的死生相续。问题与记忆一样，前生所造的业，早已刹那灭去，至少也随这一身心的死亡而过去。前生的业已灭，怎么能感后生的果报？死了而又再生，前死与后生间，有什么联系——这是"业报"问题。如生死系缚的凡夫，经修证而成为圣人。凡夫的身心、烦恼杂染都过去了，圣者的无漏道果现前，灭去的杂染与现起的清净，有什么关联？如凡夫过去了，圣人现前，凡圣间没有一贯的体性，那凡夫并没有成为圣人，何必求解脱呢——这是"缚脱"问题。这些问题，一般神教就说有我：我能保持记忆；我作业，我受果；我从生死得解脱。有了常住不变的自我，这一切问题都不成问题。然在佛法中，"诸行无常"，刹那刹那的生灭；生灭中没有从前到后的永恒者，无常所以无我。这样，这些问题都不容易说明，至少不能使一般人满意而信受。佛法越普及，一般信仰的人越多；在一般人中，无常无我的佛法，越来越觉得难以理解信受了，这就是有我论出现于佛教界的实际意义。如说①：

　　1."若定无有补特伽罗，为说阿谁流转生死？……若一切类我体都无，刹那灭心，于曾所受久相似境，何能忆知？"

　　"若我实无，谁能作业？谁能受果？……若实无我，业

　　①　1.《阿毗达磨俱舍论》卷三〇（大正二九·一五六下、一五八中——下）。
2.《成唯识论》卷一（大正三一·二上——中）。

已灭坏,云何复能生未来果?"

　　2."实我若无,云何得有忆识、诵习、恩怨等事? ……
若无实我,谁能造业,谁受果耶? ……我若实无,谁于生死
轮回诸趣,谁复厌苦求趣涅槃?"

　　补特伽罗(pudgala),意译为"数取趣",意义为不断的受生
死者,是"我"的别名。佛教内的犊子部等,与神教的有我论,之
所以非有我不可,其理由是完全相同的。不过佛法是"诸行无
常"论者,所以虽采取有我说,而多少说得善巧一些。"常我",
在部派佛教内,还不敢违反传统而公然提出来。部派佛教而立
"我"的,有犊子部及其流派,说转部(Saṃkrāntika),而这都是从
说一切有部分化出来的。我在《唯识学探源》、《性空学探源》,
已一再地加以论述①,这里再作简要的说明。《异部宗轮论》(大
正四九·一六下)说:

　　　"说一切有部:……有情但依现有执受相续假立。说
　　一切行皆刹那灭,定无少法能从前世转至后世,但有世俗补
　　特伽罗说有移转。"

　　说一切有部立"假名我"——世俗补特伽罗。有部以为:在
世俗法中,一一有情营为不同的事业,作不同的业,受不同的果
报,这是世间的事实。由于有情执取当前的身心为自己,所以成
为一独立的有情,一直流转不已。有情是依"有执受"的五蕴而

---

　　①　拙作《唯识学探源》(五三——六八,本版三五——四六)。《性空学探源》
(一七〇——一八二,本版一一八——一二七)。

假立的,虽然有世俗的补特伽罗,却没有实体的我可得。原来,说一切有部以为:一一法(色蕴等)"恒住自性",法性是如如恒住的。依于因缘,安住未来的法,刹那起用,入现在位;作用又刹那灭,入过去位。有三世不同,而一一法性却始终恒住自性,没有变异。这可说"法性恒住,作用随缘"。依法的体性与作用来说,都没有什么是从前世到后世的,也就没有移转可说。但刹那起用时,不但有同时的"俱有"、"相应",又能引发后后的"相续";依五蕴的和合、相续,假名为补特伽罗,也就依假名补特伽罗,可说有生死相续,从前生到后世了。说一切有部的解说,是站在体(法性)用(作用)差别的见地;不过体与用的关系,虽不一而还是不异(没有别法)的。了解说一切有部所说,说转部的见解就容易明白了。如《异部宗轮论》(大正四九・一七中)说:

> "其经量部本宗同义:谓说诸蕴有从前世转至后世,立说转名。……有根边蕴,有一味蕴。……执有胜义补特伽罗。余所执多同说一切有部。"

铜鍱部所传,从说一切有部分出说转部,又从说转部分出说经部,也就是经量部。《异部宗轮论》是说一切有部所传的,以为说转与经量,是一部的别名。然从特有的教义来说,这是说转部,与后起的经量部不合。说转部以为:五蕴有二类,有可以移转到后世的;有胜义——真实的补特伽罗。从说一切有部分出,而与说一切有部略有不同。所说的"有根边蕴,有一味蕴",唯识学者解说为种子与现行,是不正确的! 如《阿毗达磨大毗婆沙论》卷一一(大正二七・五五中)说:

　　"有执蕴有二种：一、根本蕴，二、作用蕴；前蕴是常，后
蕴非常。彼作是说：根本、作用二蕴虽别，而共和合成一
有情。"

　　二蕴说，没有说明是什么部派，但比对《异部宗轮论》，可断
定为说转部的教义。根本蕴就是一味蕴，作用蕴就是根边蕴。
实际上，二蕴就是说一切有部的法体与作用的不同解说。法体
"恒住自性"，有部只许说"恒住"，不能说是"常住"，然在其他
部派看来，恒与常是一样的。所以《俱舍论》曾评斥说："许法体
恒有，而说性非常，性体复无别，此真自在作！"①有部的法体恒
住，说转部立为常住的根本蕴（即一味蕴）；作用起灭，立为无常
的作用蕴（即根边蕴）。二蕴"和合成一有情"，就是在常与无常
的二蕴统一中，建立胜义补特伽罗（paramârtha-pudgala）。从体
用统一的见地，所以成立的补特伽罗，不是假名的，而是有真实
性的我。依胜义补特伽罗，五蕴就有移转——从前到后的可能。
记忆与业报问题，也就可以解说了。《大毗婆沙论》的二蕴合为
有情说，正是为了说明记忆问题。

　　犊子部及其支派——正量部（Saṃmatīya），法上部（Dhar-
môttarīya），贤胄部（Bhadrayānīya），密林山部（Channāgarika），都成
立不可说我（anabhilāpya-pudgala）。犊子部从说一切有部分出，
与说一切有部的论义相近，仅"若六若七与此不同"②。主要的
不同，就是不可说我。犊子部立"五法藏"：过去法藏，现在法

---

① 《阿毗达磨俱舍论》卷二〇（大正二九·一〇五中）。
② 《阿毗达磨大毗婆沙论》卷二（大正二七·八中）。

藏,未来法藏,无为法藏,不可说法藏。三世法是有为法,有为与无为法以外的不可说藏,就是不可说我。如《异部宗轮论》(大正四九·一六下)说:

> "犊子部本宗同义:谓补特伽罗非即蕴离蕴,依蕴、处、界假施设名。……诸法若离补特伽罗,无从前世转至后世,依补特伽罗可说有移转。"

犊子部与说转部,都是依补特伽罗,说明前生后世移转的可能。犊子部的补特伽罗——不可说我,是"依蕴、处、界假施设名",在原则上,与说一切有部的假名我,是没有太大不同的。犊子部所立的补特伽罗,分为三类,如《部执异论》(大正四九·二一下)说:

> "犊子部——可住子部……摄阴、界、入故,立人等假名。有三种假:一、摄一切假;二、摄一分假;三、摄灭度假。"

属于犊子部系的《三法度论》,说到"受施设,过去施设,灭施设"——三种施设①。《三弥底部(正量部)论》立三种人:"依说人,度说人,灭说人";"说者,亦名安,亦名制,立名假名。"②假名、施设、说,都是 prajñapti 的意译。施设、说,与《部执异论》的"假"相合。犊子部系的不可说我,依蕴、界、处而施设的;约现在的、过去的、涅槃的,立为三种补特伽罗,都是施设假。依说一

---

① 《三法度论》卷中(大正二五·二四中)。
② 《三弥底部论》卷中(大正三二·四六六中)。

切有部,立"实法有"与"假名有"的差别,假名有是没有自性的。"我"既依蕴、界、处施设,是假有,就没有自性,怎么又立有"不可说我"呢? 这在说一切有部(及经部)的立场,是难以通解的,所以《俱舍论》问他:到底是实有,是假有? 犊子部的意见,如《阿毗达磨俱舍论》卷二九(大正二九·一五二下)说:

> "非我所立补特伽罗,如仁所征实有假有,但可依内现在世摄有执受诸蕴,立补特伽罗。……此如世间依薪立火。……谓非离薪可立有火,而薪与火非异非一。"

说一切有部的责问,到底是实是假,被犊子拒绝了。犊子部以为,依蕴立我,是假施设,但我与蕴是不一不异的。如依薪立火那样,火不能离薪,但火也并不是薪。这样,我是不离蕴的,但依蕴立我,我并不等于蕴,所以别立不可说我。《智度论》说:犊子部"四大和合有眼法,如是五众和合有人法"①。如依四大成柱,柱是依四大施设的,但柱有柱的体相、作用,与四大是不同的。所以,说一切有部是"假无体"说,犊子部是"假有体"说。施设而可说有体,所以不可说我,不能以实有或假有去分判的,只能这样说:不可说我不是有为(无常),不是无为(常),而是不可说的有。犊子部的不可说我,似乎非常特出,其实依蕴施设,与说一切有部的假名我、说转部的胜义我,一脉相通,只是解说上有些差别而已。犊子部立不可说我,当然用来说明记忆、业报的现象,还有执取根身的作用,如《中论》卷二(大正三○·一三

---

① 《大智度论》卷一(大正二五·六一上)。

中）说：

> “有论师言：先未有眼等法，应有本住，因是本住，眼等
> 诸根得增长。若无本住，身及眼、耳诸根，为因何生而得
> 增长。”

本住，指不可说我而说。依《般若灯论释》说："唯有婆私弗
多罗［犊子］立如是义。"①人在结生相续的胎中，身根等渐渐增
长起来。《阿含经》说："缘识有名色"，依识的执取而渐长。然
犊子部以为：这是不可说我的力量，如不是先有"本住"——我，
识是不能执取而使诸根增长的。在生死相续、根身渐长中，不可
说我有生命主体的意义，与神教的神我说相近。又《阿毗达磨
顺正理论》卷三八（大正二九·五五六下）说：

> “婆雌子部作如是言：补特伽罗是所归佛。”

什么是所归依的佛？婆雌子——犊子部以为：归依不可说
我，归依于成正觉的所依蕴而立的不可说我。佛就是"我"，是
不可说与蕴是一是异的"我"。犊子部一系，在中印度、西印度
一带，非常兴盛。以不可说我为佛（如来），对后期大乘的如来
大我说，应有不容忽视的影响！

佛说：一切沙门、婆罗门，都是依五蕴而执我的。依五蕴
（界，处）立我，说一切有部、犊子部、说转部，都谨守这一原则。
然在佛教中，还有依心立我的学派，如《成实论》卷五（大正三
二·二七八下）说：

---

① 《般若灯论释》卷六（大正三〇·八二中）。

"又无我故，应心起业。以心是一，能起诸业，还自受报。心死，心生，心缚，心解（脱）；本所更用，心能忆念，故知心一。又以心是一，故能修集。若念念灭，则无集力。又佛法无我，以心一故，名众生相。"

佛法是没有实我的，但世俗法中，一一众生的死生、缚脱、作业受报、记忆等是有的。依"一心论者"的见解，这是一心的作用，依一心而有众生相——死生、缚解、业报等。《阿毗达磨大毗婆沙论》卷一一（大正二七·五五中）说：

"有执觉性是一，如说前后一觉论者。彼作是说：前作事觉，后忆念觉，相用虽异，其性是一。如是可能忆本所作，以前后位觉体一故，前位所作，后位能忆。"

"觉性是一"，所以能忆念，正是一心论者的见解。一心论者的"一心"，《成实论》也明说"觉性"。"一心"，不是常住心，是念念灭而又心相续的。前心与后心虽不同，而同一觉性，所以可依心而立为众生相。依五蕴中的心来安立有情，在佛法是有理由的。依神教，"我"是造业受报、系缚与解脱的主体，所以"我"又名为"作者"（也有说是"受者"的）。佛法否定了神我的作受说，对于有情的染净业报，都以心识为主来说明，如说①：

1."长夜心（为）贪欲所染，嗔恚、愚痴所染，心恼（杂染）故众生恼，心净故众生净。……譬如画师，画师弟子，

————————

①　1.《杂阿含经》卷一〇（大正二·六九下）。2.《法句经》（大正四·五六二上）。

善治素地,具众彩色,随意图画种种像类。"

　　2."心为法本,心尊心使,中心念恶,即言即行,罪苦自追,车轹于辙。(为善,例)"

　　心、意、识是无常的,无我的,为一切法的主导者,取代了神我的地位。《杂阿含经》的缘起说,有"齐识而还"的十(或九)支说①,也是这一意义。依五蕴而立有情,如集土地、人民、治权而成为国家。依心识而立有情,如以中央政府的元首代表国家。"识缘名色,名色缘识",心识与根身等有相依的关系,心识是不能独存的;如国家元首有权力治理民众的政治,而又依赖于民众的支持一样。心识,取代神我而成为有情的主导者,所以有情(我)与心识,有联合的可能性。如来藏说有"我"的特性,其后与心识相联合,也是有其可能性的。

　　大乘佛教兴起以前,"胜义我"、"不可说我",已在部派佛教中流传。大乘兴起以后,到了西元二世纪中,修正了的神我说也在大乘佛教界出现,如《大般若波罗蜜多经》("初分")卷四(大正五·一七中——下)说:

　　　　"舍利子!菩萨摩诃萨修行般若波罗蜜多时,应如是观!实有菩萨;不见有菩萨,不见菩萨名;不见般若波罗蜜多,不见般若波罗蜜多名;不见行,不见不行;……。"

　　玄奘所译《大般若经》的"第二分"、"第三分",经文相同②。

――――――――――

　　① 《杂阿含经》卷一二(大正二·八〇中——下)。
　　② 《大般若波罗蜜多经》(第二分)卷四〇二(大正七·一一中——下)。又(第三分)卷四八〇(大正七·四三三中)。

从"原始般若"以来,菩萨但有名字,"大品般若"更广说一切我、法皆空,而与《十万颂般若经》相当的"初分",却说"实有菩萨",不能不感到意外！考晋竺叔兰于元康元年(西元二九一)所译《放光般若经》,竺法护于太康七年(西元二八六)译出的《光赞般若经》,姚秦鸠摩罗什于弘始五年(西元四〇三)所译的《摩诃般若经》,与玄奘所译的"第二分"、"第三分"相当,都没有"实有菩萨"一句。在西元三到五世纪初,中国的古译都没有,而七世纪的玄奘译却有了。安慧(Sthiramati)《杂集论》这样说:"如是十种分别,依般若波罗蜜多初分宣说。"①"实有菩萨"等经文,唯识学派(Vijñānavādin)以为是对治十种散乱分别的。特别点明是"初分宣说",可见安慧的时代(西元五世纪),"实有菩萨"还只是"初分"所特有的,以后的"第二分"、"第三分",也补入这一句,奘译才与古译不合了。

菩萨是菩提萨埵(bodhi-sattva)——觉有情,"实有菩萨"不等于实有"我"吗？玄奘所译的世亲《摄大乘论释》卷四(大正三一·三四二下)说:

> "此中无相散动(乱)者,谓此散动,即以其无为所缘相。为对治此散动故,般若波罗蜜多经言:实有菩萨。言实有者,显示菩萨实有空体,空即是体,故名空体。"

依玄奘所译来说:没有遍计所执性(parikalpita-svabhāva)、依他起性(paratantra-svabhāva)为体的菩萨,但不是什么都没有,

---

① 《大乘阿毗达磨杂集论》卷一四(大正三一·七六四中)。

菩萨空性（śūnyatā）是实有的，这不过圆成实性（pariniṣpanna-svabhāva）空是实有而已。然真谛所译本说："由说实有，显有菩萨以真如空为体。"①无性（Asvabhāva）的《释论》也说："谓实有空为菩萨体。"②这都是说：菩萨是实有的，真如空是菩萨的实体。没有世俗的菩萨实体，却有胜义的实有菩萨，这可与如来大我比较研究。如传为无著所造的《大乘庄严经论》卷三（大正三一·六〇三下）说：

> "清净空无我，佛说第一我；诸佛我净故，故佛名大我。……（释）：第一无我，谓清净如，彼清净如即是诸佛我自性。……由佛此我最得清净，是故号佛以为大我。"

说菩萨，菩萨以真如空为体。说如来，如来清净真如也是佛的我自性。由于佛的真如——我最清净，所以佛名为大我。所以，《般若经》的"实有菩萨"，依唯识论师的解说，菩萨真如空性，就是菩萨的"我"自性。"实有菩萨"，只是"真我"的别名。《大般若波罗蜜多经》（"初分"）卷五四（大正五·三〇六中）又说：

> "住此六波罗蜜多，佛及二乘能度五种所知海岸。何等为五？一者过去，二者未来，三者现在，四者无为，五者不可说。"

《般若经》在说明第六地菩萨时，说到了"佛及二乘能度五

---

① 《摄大乘论释》卷五（大正三一·一八九下）。
② 《摄大乘论释》卷四（大正三一·四〇五中）。

种所知海岸"。《般若》的"第二分"、"第三分",也是这样说①。
"五种所知海岸",显然是引用了犊子部的"五法藏"。《俱舍
论》也称"五法藏"为"五种尔焰"②,尔焰(jñeya)是"所知"的音
译。然中国的古译本——《光赞般若》、《放光般若》、《摩诃般
若》、《大智度论》所解释的《二万二千颂般若经》,都没有说到
"五种所知",依"实有菩萨"为例来推论,这也是"初分"——
《十万颂般若经》所有,后来才补入"第二分"、"第三分"的。
《大般若经》"初分"引用犊子部的"五法藏",其中"不可说"虽
可解说为如、法界的别名,然在佛教界,对《大般若经》的"不可
说",不可能不联想到犊子的"不可说",而引起"如"就是"不可
说我"的意解。从引用"不可说"(我)而论,"实有菩萨"也只是
这一意义。如犊子部以为,归依的佛,以补特伽罗为体,那菩萨
也当然是补特伽罗为体,补特伽罗就是"不可说我"。西元一
五〇年后,《大般若经》引用了"不可说我","我"在大乘中渐渐
地被接受融会了!

　　鸠摩罗什所译的《清净毗尼方广经》、宋法海所译的《寂调
音所问经》与晋竺法护所译的《文殊师利净律经》,是同本异译。
罗什与法海的译本,比竺法护的译本,末后多了一段,如《清净
毗尼方广经》(大正二四·一〇八〇下)说:

　　　　"如金器、银器、……瓦器、木器,其中空界,器虽种种,
　　　其空无异。如是一法性[界]、一如、一实际,然诸众生种种

————————

　　① 《大般若波罗蜜多经》(第二分)卷四一六(大正七·八六上),又(第三分)
卷四九〇(大正七·四九四上)。
　　② 《阿毗达磨俱舍论》卷二九(大正二九·一五三中)。

形相各取生处,彼自体变百千亿种形色别异,谓地狱色,……佛色,以平等故色等(如),如等故色等,空等故色等。善男子! 文殊师利以是事故,说一切世界等,乃至一切众生等。"

这一段经文,主要在说明众生与佛等平等。举虚空界为譬喻说:如空界遍在一切处,随器具而不同,金器空,瓦器空,随器虽有种种,而虚空是平等不二的。这比喻法性、如、实际是平等不二的,而众生现起种种,地狱色相,……佛色相,这都是"自体"所变作的。特出的经句是:"自体变百千亿种形色别异。"《寂调音所问经》译为"我分化成若干千色"①,可见自体是我的异译。约如、法界、实际说,一切色相差别而如、法界不异,与一般大乘经说相符。然从"自体变"作来说,"我"变化一切凡、圣,似乎有差别而我体不二。我与真如、法界,看作同一内容,就是如来藏说了。"自体变"作一段,是竺法护初译所没有,可能为后来增补的。不过与文殊师利有关的圣典,众生界、我界,已受到了重视。《文殊师利现宝藏经》也说:"此人种[众生界]、法界、虚空界,而无有二。"②"界"与"我",已在西元三世纪这样地兴起而融入大乘了!

第四节　佛子与佛种性

如来藏是胎藏的藏,与怀妊、诞生,也与种性(gotra)——血

---

① 《寂调音所问经》(大正二四·一〇八六中——下)。
② 《文殊师利现宝藏经》卷下(大正一四·四六〇下)。

统有关。从譬喻而发展起来的"佛子"与"佛种性",对如来藏说,是有启发作用的。

　　佛子,是阿罗汉的通称。佛赞五百阿罗汉说:"汝等为子,从我口生,从法化生,得法余财。"①印度的婆罗门(brahmaṇa),自以为从梵天口生,从梵天化生,所以佛说:阿罗汉们是从听闻佛口说法声(所以名为声闻)而生,从法——法性寂灭的证入而成的。佛子,表示了有佛那样的圣性,能继承如来觉世的大业,所以名为佛子。经中或称之"佛之爱子"②。在《小品般若波罗蜜经》卷六,解说(大正八·五六二中)为:

　　　　"须菩提为随佛生。随何法生故名随佛生? 诸天子!
　　　　随如行故,须菩提随如来生。"

　　须菩提(Subhūti)是著名的圣者,被称为随如来生。如来是从如而来:须菩提是随顺真如而行的,所以名为随如来(佛)生。阿罗汉,古代是称为"佛子"、"胜者之子",或"如来之子"的。在"佛子"中,有如来的长子,如《杂阿含经》说:"汝(舍利弗)今如是为我长子,邻受灌顶而未灌顶,住于仪法,我所应转法轮,汝亦随转。"③在佛经中,每以轮王的正法化世,比喻如来的出世法化世。轮王的长子,有继承轮王事业的义务,也就用来比喻

----

①《杂阿含经》卷四五(大正二·三三〇上)。《中阿含经》卷二九《请请经》(大正一·六一〇上)。

②《相应部·蕴相应》(南传一四·一三三)。《中阿含经》卷二九《说无常经》(大正一·六〇九下)。

③《杂阿含经》卷四五(大正二·三三〇中)。《相应部·婆耆沙长老相应》(南传一二·三三〇)。《中阿含经》卷二九《请请经》(大正一·六一〇中)。《增支部·五集》(南传一九·二〇八)。

舍利弗的助佛扬化。由于舍利弗在佛涅槃以前就涅槃了,所以释尊的荼毗大典、结集经律,由摩诃迦叶(Mahākāśyapa)出来领导,摩诃迦叶也就以轮王长子为喻,表示自己是如来长子了[①]! 等到菩萨思想兴盛起来,菩萨将来要继位作佛,当然也是佛子。进一步,要简别佛子,推尊菩萨为"如来真实佛子",如《大宝积经》卷一一二《普明菩萨会》(大正一一·六三四中——下)说:

> "迦叶! 譬如刹利大王,有大夫人,与贫贱通,怀妊生子。于意云何? 是王子不? 不也! 世尊! 如是迦叶! 我声闻众亦复如是,虽为同证,以法性生,不名如来真实佛子。迦叶! 譬如刹利大王与使人通,怀妊生子,虽出下姓,得名王子。初发心菩萨亦复如是,虽未具足福德智慧,往来生死,随其力势利益众生,是名如来真实佛子。"

> "迦叶! 譬如转轮圣王而有千子,未有一人有圣王相,圣王于中不生子想。如来亦尔,虽有百千万亿声闻眷属围绕,而无菩萨,如来于中不生子想。迦叶! 譬如转轮圣王有大夫人,怀妊七日,是子具有转轮王相,诸天尊重,过余诸子具身力者。所以者何? 是胎王子,必绍尊位,继圣王种。如是迦叶! 初发心菩萨亦复如是,虽未具足诸菩萨根,如胎王子,诸天神王深心尊重,过于八解大阿罗汉。所以者何? 如是菩萨名绍尊位,不断佛种。"

---

① 《杂阿含经》卷四一(大正二·三〇三下)。《相应部·迦叶相应》(南传一三·三二三——三二四)。

《宝积经》的王子譬喻,说明了菩萨才是真实佛子。第一则喻,"王大夫人与贫贱通",生下来的并不是王子,因为不是圣位的血统——种性。声闻圣者虽然与佛一样的证入法性,但由于杂有贫贱(没有悲愿,独善)的因素,不能说是真实的佛子。父家长时代,种性是依父亲而定的,所以圣王与使女生子,反而是王子。这如还在凡夫位的菩萨,但有了如来——悲愿的特性,也就是佛的真子了。第二喻,说到了胎(藏)有转轮王相,与《如来藏经》九喻中的"贫贱丑陋女,怀转轮圣王"喻,非常近似。但《宝积经》重在初发心菩萨,能"绍尊位,不断佛种"。

依《中阿含经·王相应品》所说,轮王种性是代代相承的。轮王到了头生白发(老了),就退位而由王长子来继承。王子遵循王家的旧法,修行仁政,于是七宝出现,成为转轮王。如不修仁政,轮王种性就断绝了。轮王的世世相承,与如来出世,前佛后佛的佛佛相承一样。轮王是父子相承,前佛与后佛间,也是父子那样的,所以菩萨发心(求成佛道),称为佛子。如修行圆满,就"位登补处",如立为太子;再进一步,就成佛了。在佛佛相承出世中,"佛种性"与"佛子",声闻圣者怎么也是没有份的,所以《宝积经》说:菩萨才是"如来真实佛子"。轮王的种性相承,从胎儿的确定是轮王种性,经王子而登上轮王大位,是王子的一生经历。而比喻中的佛种不断,是从菩萨发心、修行到成佛,要经历长时间的修证过程。说明菩萨从发心到成佛的过程,就有以王子的一生经历为喻,成立菩萨行位的先后历程。如说出世部(Lokottaravādin)的《大事》,说到菩萨的十地,十地是:一、难登(durārohā),二、结慢(baddha-mānā),三、华庄严(puṣpamaṇḍi-

ta），四、明辉（rucirā），五、广心（citta-vistarā），六、妙相具足
（rūpavatī），七、难胜（durjayā），八、诞生因缘（janmanideśa），九、
王子（yauvarājyatā），十、灌顶（abhiṣeka）。《大事》十地的后三
地——诞生因缘、王子、灌顶，正是以王子的诞生，立为王子，灌
顶为轮王，比喻菩萨的修行成佛。第六妙相具足，似乎可以解说
为胎内的根相等具足。这一十地说，与大乘的"十住"与"十地"
都有关系。现在要指明的，以轮王的继承为譬喻以说明菩萨行
位的，主要是大乘的十住说。十住的先后传译，译名略有不同，
今举佛陀跋陀罗译的六十卷本《华严经》，实叉难陀译的八十卷
本《华严经》，梵本 gaṇḍa-vyūha 所说，对列如下：

六十华严	八十华严	gaṇḍa-vyūha
初发心	初发心	prathamacittôtpādika
治地	新学	ādikarmika
修行	修行	yogâcāra
生贵	生贵	janmaja
方便道	方便具足	pūrvayogasaṃpanna
成就直心	成就正心	śuddhādhyāśaya
不退	不退	avivartya
童真	童子	kumārabhūta
深忍	法王子	yauvarājyata
灌顶	灌顶	abhiṣekata

十住行位的名目，充分表示了轮王登位过程的譬喻。生贵，
是出生（诞生）在贵胜家——生在佛家。方便具足，如悉达多

(Siddhārtha)太子的学书、学武、学一切技术。童真,是没有结婚以前。立为太子,是王子位。受灌顶而成为轮王,是灌顶位。这五位,明显地以王子的一生为比喻,所以初发心不妨比拟为最初入胎。十住说,古代最为流行,《大品般若经》没有名目的十地,内容与十住相合。又如说:"欲生菩萨家,欲得鸠摩罗伽[童真]地,……当学般若波罗蜜。"①《华严经》的《入法界品》,也是采用十住说的。《大方广佛华严经》(《十住品》)卷八(大正九·四四四下)说:

> "菩萨种性,甚深广大,与法界、虚空等,一切菩萨从三世诸佛种性中生。"

从部派佛教以来,就有种性一词,或略译为"性"。如《舍利弗阿毗昙论·人品》中立"性人"②。《增一阿含经》立九种人,四向、四果以前,有"种性人"③。大乘十地说先后成立的共十地,第二为"性地"④。从修行的阶位,立"性人"、"性地",虽还没有证入圣位,但已成出世法器,能入圣位。到了性地,一般以为决定不退了。但《异部宗轮论》说:大众部等以为:"性地法皆可说有退。"⑤如以世俗的种性来说,在入胎、诞生后,可能有夭折的;大乘所说的生在佛家,也有退与不退二类。所以发心趣求佛道的,都是佛种性所摄,不过起初还可能退失的。在佛种性中

---

① 《摩诃般若波罗蜜经》卷一(大正八·二一九中)。
② 《舍利弗阿毗昙论》卷八(大正二八·五八四下——五八五上)。
③ 《增一阿含经》卷四〇(大正二·七六七上)。
④ 《摩诃般若波罗蜜经》卷一七(大正八·三四六中)。
⑤ 《异部宗轮论》(大正四九·一五下)。

的菩萨,修行、成佛,以王子的一生为比喻。种性、住胎、诞生等,都是引发如来藏说的助缘。种性,是从发心修行进趣而说的;如来藏说是约本有说的,所以没有发心以前,如来已具足在胎藏中了。

第三章　心性本净说之发展

第一节　声闻经论的心净说

如来藏说,起初没有与心性本净相关联,然在如来藏说流传中,众生身中有清净如来藏,与"心性本净,客尘所染"说,有相似的意义,所以"心性本净"也就成为如来藏学的重要内容。然早期的心净说,在佛法中的意趣何在? 与如来藏清净说的内容是否相同? 如真的为了佛法而研求,在论究如来藏思想渊源时,就不能不加以深切的注意! 不能由于推重如来藏说,发见了原始佛教以来的心性本净,以为源本佛说,就可以满足了!

"心性本净",是与定(samādhi)有关的,定学也称为心(citta)学。修定的要远离五盖,盖(āvaraṇāni)是覆蔽的意思。贪、嗔等五盖,有覆蔽的作用,使心不得澄静、明净。与定有关的五盖说,启发了心清净的思想。《杂阿含经》卷四七(大正二·三四一下)说:

> "净心进向比丘,粗烦恼缠,恶不善业,诸恶邪见,渐断令灭;如彼生金,淘去刚石坚块。复次,净心进向比丘,除次

粗垢，欲觉、恚觉、害觉；如彼生金，除粗沙砾。复次，净心进
向比丘，次除细垢，谓亲里觉、人众觉、生天觉，思惟除灭；如
彼生金，除去粗垢、细沙、黑土。复次，净心进向比丘，有善
法觉，思惟除灭，令心清净；犹如生金，（以火冶炼，）除去金
色相似之垢，令其纯净。……复次，比丘得诸三昧，不为有
行所持，得寂静胜妙，得息乐道，一心一意，尽诸有漏；如炼
金师、炼金师弟子，陶炼生金，令其轻软、不断、光泽、屈伸，
随意（所作）。"

本经，巴利藏编入《增支部》①。金师的陶炼生金（矿金），
渐渐纯熟，能做成种种庄严具，比喻修定（净心）的比丘，渐渐地
尽灭烦恼，得到四禅、六通自在。生金的本质是纯净的，只是夹
杂些杂质，冶炼只是除去杂质，使纯净的金质显现出来。炼金的
比喻，还有增火、洒水、不增火不洒水的方法，比喻修定的"思惟
止相"、"思惟举相"、"思惟舍相"——三相②；除去铁、铜、锡、
铅、银——五错（锈），而使纯金光泽、堪用的譬喻③。炼金的譬
喻以外，还有水喻：贪、嗔、惛沉、掉悔、疑——五盖蔽心，如钵水
中有黄赤等色，热气沸腾，青苔覆蔽，风吹波动，泥土浑浊；离去
了五盖，心得安住，才能明解经书的义理，辩才无碍④。水性本

----

① 《增支部·三集》（南传一七·四一六——四二一）。
② 《杂阿含经》卷四七（大正二·三四二上）。《增支部·三集》（南传一七·
四二一——四二四）。
③ 《增支部·五集》（南传一九·二二——二六）。《相应部·觉支相应》（南
传一六上·二八五——二八七）。
④ 《增支部·五集》（南传一九·三二〇——三二七）。《相应部·觉支相应》
（南传一六上·三二四——三三一）。

来澄净,如离去动乱、秽浊的因素,就能照出影像,正如离五盖而心得澄净,能引发慧解一样。还有浣头、浣身、浣衣、磨镜、炼金(等)五喻,比喻修佛、法、僧、戒、天随念的,能心离染污而得清净①。这一类通俗的譬喻,都有引发"心本净"的可能。

《增支部·一集》(南传一七·一五)这样说:

　　"比丘众! 此心极光净,而客随烦恼杂染,无闻异生不如实解,我说无闻异生无修心故。"

　　"比丘众! 此心极光净,而客随烦恼解脱,有闻圣弟子能如实解,我说有闻圣弟子有修心故。"

这是《阿含经》中明确的心明净说。心是极光净的,使心杂染的随烦恼,是"客",可见是外铄的,而不是心体有这些烦恼。心清净而与客尘烦恼发生关系,是如来藏说的重要理论,不能不说是渊源于《阿含经》的!

"心性本净",在部派佛教中,是大众部、分别说部(Vibhajyavādin)二大系所继承宏扬的。《异部宗轮论》(大正五〇·一五中——下)说:

　　"大众部、一说部、说出世部、鸡胤部本宗同义者,……心性本净,客随烦恼之所杂染,说为不净。"

大众部的心净说,《随相论》曾有所解说:"如僧祇等部说:众生心性本净,客尘所污。净即是三善根;众生无始生死以来有

_____

①　《增支部·三集》(南传一七·三三六——三四一)。

客尘,即是烦恼,烦恼即是随眠等烦恼,随眠烦恼即是三不善根。"①依《随相论》说:大众部等以为心是本净的。三善根,与三不善根——随眠一样,是与心不相应的,类似种习那样的善恶功能。依三不善根而起烦恼,依三善根而起信智等善法。大众部是但立善、恶二性的,心不是善不善心所法,不过不善的随眠与不善心所,是可以离灭的,所以与善根(及善心所)相契应,而被称为"心性本净"的。

印度本土的分别说部,如化地部(Mahīśāsaka)等,说一切有部论师,是称之为"分别论者"的。如《阿毗达磨大毗婆沙论》卷二七(大正二七·一四〇中——下)说:

> "有执心性本净,如分别论者。彼说心本性清净,客尘烦恼所染污故,相不清净。……彼说染污不染污心,其体无异。谓若相应烦恼未断,名染污心,若时相应烦恼已断,名不染心。如铜器等未除垢时,名有垢器等;若除垢已,名无垢器等:心亦如是。"

分别论者的心净说,《阿毗达磨顺正理论》卷七二(大正二九·七三三上)也说:

> "分别论者作如是言:唯有贪心今得解脱,如有垢器,后除其垢;如颇胝迦由所依处显色差别,有异色生。如是净心贪等所染,名有贪等,后还解脱。圣教亦说心本性净,有时客尘烦恼所染。"

---

① 《随相论》(大正三二·一六三中)。

　　"分别论者"的心性本净，在烦恼未断以前，是性净相染的；虽有染污相，而心的体性不变。在"分别论者"说来，有染污心与不染污心，不是有两类不同的心，而是"其体无异"的"一心"，只是相应烦恼断与未断的差别。有染污是客尘所染，是外铄的，其体无异的心，本性是清净的。《大毗婆沙论》所说的"一心相续论者"，与"分别论者"的见解是一致的，如卷二二（大正二七·一一〇上）说：

　　　"有执但有一心，如说一心相续论者，彼作是说：有随眠心，无随眠心，其性不异。圣道现前，与烦恼相违，不违心性；为对治烦恼，非对治心。如浣衣、磨镜、炼金等物，与垢等相违，不违衣等，圣道亦尔。又此身中，若圣道未现在前，烦恼未断故，心有随眠。圣道现前，烦恼断故，心无随眠。此心虽有随眠、无随眠时异，而性是一。如衣、镜、金等，未浣、磨、炼等时，名有垢衣等。若浣、磨、炼等已，名无垢衣等。有无垢等，时虽有异而性无别，心亦如是。"

　　"一心相续论者"所举的譬喻，是出于《增支部·三集》的。"但有一心"；"而性是一"；"而性无别，心亦如是"，与"分别论者"的"其体不异"，完全一致。在《成实论》中，有"相续心"的"一心论"①。《大毗婆沙论》还有"一觉论者"②。这些，可能不属于同一部，但是大同小异的"心性本净论者"。

　　"心性本净"，是大众部及分别说部系所主张的。近于分别

---

① 《成实论》卷三（大正三二·二五八中）。
② 《阿毗达磨大毗婆沙论》卷一一（大正二七·五五中）。

说部的《舍利弗阿毗昙论》,引用"心性清净,为客尘染"的教说,也与《增支部》所说相合①。但在说一切有部,是没有"心性本净"的经说,也否定了"心性本净"的理论,如《阿毗达磨顺正理论》卷七二(大正二九·七三三上——中)说:

> "分别论者作如是言……圣教亦说心本性净,有时客尘烦恼所染。……故不应说心本性净,有时客尘烦恼所染。若抱愚信,不敢非拨言此非经,应知此经违正理故,非了义说。"

各部派所传的《阿含经》有不少出入。"分别论者"所诵的经中有"心性本净,客尘所染"说,而说一切有部经中是没有的。在宗教的传统信仰中,要别人舍弃自宗的经文是不容易的,所以只能论断为"非了义说",依正理而作解说与会通。总之,在说一切有部(及犊子部、经部),这是"非经"、"非了义说"。不过,"心性本净"说在佛法中,是了义或不了义,方便说或究竟说,如以自宗的理论为标准,是不可能为人接受的! 集成的四部《阿含经》,有一古代传来的判别准绳,就是约四部的特性说,有不同的四种宗趣。如赤铜鍱部的觉音(Buddhaghoṣa)三藏,初期大乘的龙树菩萨,就有类似的传说,那就是:《长阿含经》是"吉祥悦意","世界悉檀";《中阿含经》是"破斥犹豫","对治悉檀";《增一阿含经》——《增支部》是"满足希求","各各为人(生善)悉檀";《杂阿含经》是"显扬真义","第一义悉檀"②。进一步

---

① 《舍利弗阿毗昙论》卷二七(大正二八·六九七中)。
② 拙作《原始佛教圣典之集成》第七章第三节第二项。

说,古传的《杂阿含经》,实综合了修多罗(sūtra)、祇夜(geya)、记说(vyākaraṇa)——三部分而成。依四种宗趣来说,"修多罗"是原始结集的相应教,如蕴相应、处相应等,是第一义悉檀。"祇夜"是顺俗的偈颂,起初是集十经为一颂的"结集文"。"记说"有如来记说、弟子记说、诸天记说。"诸天记说",后来也称为祇夜,就是"八众偈"部分,是世界悉檀。"弟子记说",如舍利弗说、目犍连说等,是对治悉檀。"如来记说",如聚落主、婆蹉出家等,是为人生善悉檀①。在原始圣典的考论中,知道《增一阿含》——《增支部》,主要是依"如来记说"(如说三念、四念、六念,四不坏信,慈心,十善等),经"如是语"(itivuttaka)而扩编所成的②。"心性本净"与炼金等譬喻,巴利藏都在《增支部》中;汉译《杂阿含经》,炼金譬喻属于"如来记说"部分。如考论没有错误,那么"如来记说"与《增支部》所说,"心性本净"与炼金等譬喻,都是"各各为人"——启发人为善的意趣;不是第一义悉檀(显扬真义),当然是"非了义说"了。《成实论》卷三(大正三二·二五八中)说:

> "心性非是本净,客尘故不净,但佛为众生谓心常在,故说客尘所染则心不净。又佛为懈怠众生,若闻心本不净,便谓性不可改,则不发净心,故说本净。"

《成实论》的思想,近于经部。《成实论》是不同意"心性本净"的,但对"心性本净"的教说,从应机设教——对治的为人意

---

① 拙作《原始佛教圣典之集成》第九章第一节第五项。
② 拙作《原始佛教圣典之集成》第十章第三节第二、三项。

义,加以解说。有些人以为心是常在(住)的;在"原始佛教"中,常心是愚痴的邪见。对治常心的邪执,所以说心是可以成为不净的。可以不净,可见心是非常了。有些人自觉得心地不净,烦恼重重,所以因循懈怠,不能勇猛地发心修行。为启发这些懈怠人的善心,所以说:自心本来是清净的,暂时为烦恼所染,为什么不自勉而发净心呢! 为什么为众生说如来藏?《宝性论》举出了五项理由,第一项就是"以有怯弱心"①,与《成实论》"为懈怠者"说相合,也与《增支部》的"各各为人生善"相合,这应该就是说"心性本净"的根本意趣。

"心性本净"论者,并不是从义理的论究中,得出"心净"的结论;也不是大乘那样,以自己修持的体验为依据。古代的"心性本净论"者,如"分别论者"、"一心相续论者",主要是应用世俗的譬喻,以譬喻来说明"心性本净"。如上文所引的,"一心相续论者",举浣衣、磨镜、炼金等譬喻;"分别论者",以铜器(垢或除垢)、日月为五事所覆、颇胝迦等譬喻。这些譬喻,如浣衣、磨镜、炼金、除铜器垢,比喻了性本清净,只是染上些尘垢,可以用浣、磨等方法来恢复本净;这是转染还净的说明。这些譬喻,有自体与外铄的"主"、"客"意义。日月为五事所覆,五事是烟、云、尘、雾、罗睺罗手。虽譬喻的意义相近,但以日光与阴暗相关涉,说明心与烦恼的"相应相杂"②,可以引申出"道与烦恼同在"的理论。颇胝迦宝是"莹净通明"的,与红色等物品在一起,

――――――――――

① 《究竟一乘宝性论》卷四(大正三一·八四〇下)。《佛性论》卷一(大正三一·七八七上)。

② 《阿毗达磨大毗婆沙论》卷二七(大正二七·一四一上)。

就会成红色等。这一譬喻,本是数论外道用来比喻自我与觉的①。《顺正理论》引用了颇胝迦喻,早一些的唯识学要典《解深密经》,也用来比喻三性的染净②。"心性本净"论者专凭譬喻来说明的学风,使我们想到了《如来藏经》、《大般涅槃经》(前分)的风格。古代的正理(Nyāya)学派立譬喻量,以为譬喻有成立正理的力量。在后起的论理学中,譬喻量没有成立正理的力量而被取消了,然古代以为是可以成立的,所以部分佛经广泛地应用。成立"心性本净"的譬喻,是通俗的、合于常情的,在佛法普及化的过程中,容易为人接受而日渐光大起来。然佛法立二谛,依世俗而引向胜义;立四悉檀,方便诱化,而以第一义悉檀为究极。《瑜伽师地论》立四真实,在悟入的真实以外,立"世间极成真实"、"道理极成真实"。"道理极成真实",是从睿智的观察研究而来,与"世间极成真实"不同③。这犹如科学的理论与常识的见解不同一样。"心性本净"说,始终以常识的譬喻为依据,是平易近人的,但决不是深彻的! 这所以阿毗达磨论师要一再地说:"世俗法异,贤圣法异。"

心、意、识,一般是看作同名而异实的,所以综合为"心意识"一词。在经典的应用中,虽然并不严格,却也表示出每一名字的特性;这在古代阿毗达磨论师,早就注意到了。那么"心性本净"的心,有什么特殊的意义呢? 心的特义,如古师说④:

---

① 坂本幸男《心性论展开的一断面》(《印度学佛教学研究》二卷一号)。

② 《解深密经》卷二(大正一六·六九三中)。

③ 《瑜伽师地论》卷三六(大正三〇·四八六中)。

④ 1.《阿毗达磨大毗婆沙论》卷七二(大正二七·三七一中)。2.《阿毗达磨俱舍论》卷四(大正二九·二一下)。

1."心是种族义。……彩画是心业。……滋长是心业。"

2."集起故名心。……净不净界种种差别故名为心。"

滋长、集起、种族，这些"心"的意义，都是种种的积集，依积集而有所生起。"彩画"的譬喻，也是以种种色彩画成种种图像的意思。所以，对于种种的统一，不离种种而起的心，并不表示单一性。如三增上学中，称定学为心学。由于"定"是持心不动乱，使散乱的归于平静，于一境上，心心相续不乱，名为"心一境性"，定也就名为"心"了。后代大乘唯识学者以心为阿赖耶识，正因为"此识，色声香味触等积集滋长故"；"种种法熏习种子所积集故"；"由种种法熏习种子所积集故"①。由于这一特性，除有关认识的、执取的名为"识"，引发行为、发生诸识的名为"意"而外，经中都泛称为心，心是通泛的、总略的名词。在经中，比起意与识来，心的应用不少，但都是不加分析的。如与身相对的心，身行与心行，身受与心受，身精进与心精进，身轻安与心轻安，身远离与心远离，都是内心的通称。由于心为通称，所以《杂阿含经》卷一〇（大正二·六九下）说：

"比丘！心恼故众生恼，心净故众生净。比丘！我不见一色种种如斑色鸟，心复过是。所以者何？彼畜生心种种故色种种。"

众生的恼——杂染与清净，是以心为主导的，因心的杂染而

―――――――――

① 《解深密经》卷一（大正一六·六九二中）。《摄大乘论本》卷上（大正三一·一三四上）。《成唯识论》卷三（大正三一·一三下）。

成为杂染,心的清净而成为清净。心是种种心,一切内心作用,都是可以称为心的。如《相应部》等立十六心(他心智所知的心):有贪心、离贪心,有嗔心、离嗔心,有痴心、离痴心,摄心、散心,广大心、非广大心,有上心、无上心,定心、不定心,解脱心、不解脱心①。十六心的前六心,也许会被想像为:有贪心、离贪心等,似乎在贪、嗔、痴以外,别有心体的存在。然从摄心、散心、广大心、非广大心等而论,十六心的被称为心,到底不外乎通称。所以圣教所说的心,是表示集中的、积聚的、总略的,是种种的统一,纯属于现象论的立场。

　　"心"有种种统一的意义,所以在佛法的发展中,学者的解说,倾向于心的统一。一、如阿毗达磨论者的"心王"说:人心有或善或恶,或受或想或思等无数的作用,在分别的论究中,受、想等被分离出来,称为"从心而有"、"依心而起"的"心所有法"。"心所"以外的,称为心(王)——六识。分离了"心所有法"的心,近于现代心理学上的统觉作用。从种种心所而论到所依的一心(六识中的一识),也会被误解为心体与心用。好在阿毗达磨论者不这么说,认为心与心所是同样的,只是总相知(是心)与种种别相知(是心所)的差别。二、如一心论者,引用"心遍行独行",而以为不同的六识只是一心的差别。三、如心性本净论者:经上说"心极光净,客尘所染",依世俗的譬喻而解说为"性净而相染"。心是内在的一心,杂染或离染,而心体是清净的。佛教界倾于内在的统一,是与世间心境相应的。一般人的见解

---

　　①　《相应部·神足相应》(南传一六下·一一四)。

总是这样的：说到死生相续，就想到有一贯通前死后生者的存在，否则就不能说前后延续。说到从杂染到清净、从系缚到解脱，就设想为必有一贯通染与净、贯通缚与脱的存在。这是世间的知见，为成立一心或神我的意识根源。心净而有烦恼，烦恼除了而心还清净，"心"就是贯通染净的所依自体，正如洗衣的衣、磨镜的镜、炼金的金一样。以世俗譬喻而成立的"心性本净"，确是适合于世间一般的见识，而富有启发人心向善的作用。

第二节　初期大乘的心性本净说

"心性本净"，起初为《增支部》所集录，后来为大众部、分别说部各派所宣扬，成为佛教界论诤的主题之一①。大乘佛教兴起，采用了"心性本净"说。重慧的大乘，如《般若经》等，从般若体悟的立场，给以不同的独到解说。成立于西元以前，被考定为"原始般若"部分②，已经说到了这一问题，如《小品般若波罗蜜经》卷一（大正八·五三七中）说：

> "菩萨行般若波罗蜜时，应如是学！不念是菩萨心，所以者何？是心非心，心相本净故。"

> "尔时，舍利弗语须菩提：有此非心心不？须菩提语舍利弗：非心心可得若有若无不？舍利弗言：不也。须菩提语

---

① "心性本净，性本不净"，为"人喜起诤论"的"十论"之一，如《成实论》卷二说（大正三二·二五三下、二五八中）。

② 原始般若的论定，如拙作《初期大乘佛教之起源与开展》第十章第二节一、二项。

舍利弗：若非心心不可得有无者，应作是言有心无心耶！"

"舍利弗言：何法为非心？须菩提言：不坏不分别。"

与本经同类而广略不同的经本很多，唐玄奘所译的，就有五部(《大般若经》的前五分)。无论是梵本、汉译本等，文字上有些出入，而以"本性净"来证成"是心非心"，是没有实质差异的。是心非心，对于部派佛教中，以为相续心或与烦恼相应的心本来是清净的见解，可说是从根本上给以否定。《般若经》所说的"非心"，是心空、心不可得的意思。心性 cittatā 寂灭不可得，所以说"心（的）本性清净"。接着，引起两层问答：一、"是心非心"，不要以为有一非心的心（这是常情的意解），因为既然"非心"，不应该再问是有是没有。"非心"是超越了有与无的概念，不能说是有是无的。二、"非心"——心不可得，是说不坏、不分别。没有变异（坏），没有差别（玄奘所译的前三分，作"无二、无二分"；或"无分、无别"），就是（真）如，不是世间分别心所分别那样的。对于"心性本净"，《般若经》从胜义体悟的立场，纠正以心为清净的见解，一直为后代中观、唯识二派所宗奉。

所引的经文，比对"小品"类《般若经》的各种本子，所说的"心"，有菩萨心（bodhisattva-citta）、菩提心（bodhi-citta）的不同，如①：

① 1.《小品般若波罗蜜经》卷一（大正八・五三七中）。2.《道行般若波罗蜜经》卷一（大正八・四二五下）。3.《摩诃般若波罗蜜钞经》卷一（大正八・五〇八下）。4.《大般若波罗蜜多经》（第五分）卷五五六（大正七・八六六上）。5.《佛母出生三法藏般若波罗蜜多经》卷一（大正八・五八七中）。6.《大明度经》卷一（大正八・四七八下）。7.《大般若波罗蜜多经》（第四分）卷五三八（大正七・七六三下）。

　　1.“不念是菩萨心。（所以者何？是心非心，心相本净故。）”

　　2.“心不当念是菩萨。”

　　3.“其心不当自念我是菩萨。”

　　4.“不执著是菩萨心。”

　　5.“彼菩萨虽如是学，不应生心我如是学。”

　　6.“不当念是我知道意。”

　　7.“不执著大菩提心。”

　　在大乘佛教的开展中，起先是“菩萨心”，迟一些才成立“菩提心”一词①。如上文所引的 2.，是后汉（西元二世纪八十年代）支娄迦谶所译的《道行般若经》，为最古译出的《般若经》。4.是唐玄奘所译的《大般若经》的第五分，是文字最简短的。最先译出的，最简短的，都作“菩萨”与“心”，与鸠摩罗什所译的《小品般若经》一致。从文义的先后来说，须菩提说：菩萨、菩萨的名字不可得，般若、般若的名字不可得。菩萨与般若都不可得，如听了而能体悟，不惊不怖的，那就是菩萨应学的般若波罗蜜。接着说：菩萨这样的学，不念（manyeta）——不执著、不高慢是菩萨心。上文从菩萨与般若——我、法的都不可得，指出菩萨应这样地学般若。然后，使菩萨反观自心——知道我、法都不可得的心，也是不可得而不可著的。依修行的过程来说，前说所观的不可得，次说能观的不可得。如改作“菩提心”，在文义上就不免感到突然了！在大乘佛教开展中，菩提心受到了佛教界的

---

　　①　参阅静谷正雄《初期大乘佛教之成立过程》（六五）。

重视,菩萨心也就被转化为菩提心了。如 6. 是吴支谦(西元三世纪初)译出的《大明度经》,作"不当念是我知道意",道意是菩提心的古译。7. 是玄奘所译《大般若经》的"第四分",译为"不执著大菩提心"。现在梵本的《八千颂般若经》,也作"菩提心不应著"(bodhicittena namanyeta),manyeta 有高慢的意思。进一步,到了《大品般若》及《十万颂般若》(与玄奘译的前三分相当),就引申为"菩提心"、"无等等心"、"广大心"——三心。罗什所译的《大品般若经》,作"得是心"、"无等等心"、"大心"①;"得是心",一定是"菩提心"的讹写。这样,本是观能观心的本性清净,演化为菩提心的本性清净了。

心性本净的"清净"——prabhāsvara 有"明净"的意思,是继承《阿含经》说而来的。依《般若经》说,清净并不局限于心的本性,而是通于一切法的。如《小品般若经》说:"一切法本清净相。"②清净,《般若经》是形容诸法甚深相的;经说极多,如《小品般若波罗蜜经》卷七(大正八・五六六下)说:

> "如来所说无尽,无量,空,无相,无作,无起,无生无灭,无所有,无染,涅槃,但以名字方便故说。"

《般若》"第五分"说:"诸如是等无量法门,义实无异,皆是如来方便演说。"③无染是清净的异名,所以《大智度论》卷六三(大正二五・五〇七上)说:

---

① 《摩诃般若波罗蜜经》卷三(大正八・二三三下)。

② 《小品般若波罗蜜经》卷八(大正八・五七四中)《道行般若波罗蜜经》卷八(大正八・四六五上)。

③ 《大般若波罗蜜多经》(第五分)卷五六二(大正七・九〇四中)。

"诸法实相常净。……是清净有种种名字,或名如、法性[界]、实际,或名般若波罗蜜,或名道[菩提],或名无生、无灭、空、无相、无作、无知、无得,或名毕竟空等,如是无量无边名字。"

依经、论所说,清净、无生、空等,都是"异名同实"。方便的约境说,名为(真)如、法界、实际等。约行说,名为空、无相、般若等。约果说,名为菩提、涅槃等。虽有种种名字,而都表示那胜义的体悟内容。《般若经》的"心本性净",可说引发了自性清净如来藏说①,但方法是不同的。《般若经》是平等法门,观一切法都是"本性空"的;如说"本性净",那就是一切法本性净。如《摩诃般若波罗蜜经》卷三(大正八·二三四上),在说明了"是心非心,心相本净故",接着就说:

"舍利弗复问须菩提:但心不坏不分别,色亦不坏不分别,乃至佛道[菩提]亦不坏不分别耶?须菩提言:若能知心相[性]不坏不分别,是菩萨亦能知色,乃至佛道不坏不分别。"

"不坏不分别",是"心非心相"的意义。在菩萨观慧中,不但是心、色……佛菩提,一切都是不坏不分别,也就都是本性净

---

① 《楞伽阿跋多罗宝经》卷二说:"大慧! 有时说空、无相、无愿,如、实际、法性,法身、涅槃,离自性,不生不灭,本来寂静,自性涅槃,如是等句说如来藏已,如来、应供、等正觉为断愚夫畏无我句故,说离妄想无所有境界如来藏门。"(大正一六·四八九中)

的。所以《般若经》说："我不可得，……佛不可得，毕竟净故。"①"我不可得，……五眼不可得，毕竟净故。"②《小品般若波罗蜜经》卷三（大正八·五五一中）说：

> "须菩提！色净即是果净，色净故果亦净。受、想、行、识净即是果净，受、想、行、识净故果亦净。"

> "须菩提！色净即是萨婆若净，萨婆若净故色净。须菩提！色净、萨婆若净，无二无别，无异无坏。受、想、行、识净，即是萨婆若净，萨婆若净故，受、想、行、识净。须菩提！萨婆若净，受、想、行、识净，无二无别，无异无坏。"

《般若经》是实践的平等法门，说一切法本空，一切法本净，而不是特重于心性本净的。所以说清净，我与法，色与心，凡与圣，道与果，没有一法不是毕竟清净的。这是般若正观的平等法门，是实践的、向上的。如来藏自性清净，指出众生本有如来性，为成佛净因；或以如来藏为依止，建立凡圣、染净一切法。这是重于心（或我）的，说明的，从上向下的（或称之为"却来门"）。所以《般若经》的心性本净说可能引发如来藏说，却不是如来藏说。

《般若经》说一切法本性空，又说一切法毕竟空；说本性净，又说毕竟净。净与空，有什么不同意义呢？《大智度论》卷六三（大正二五·五〇八下）说：

---

① 《摩诃般若波罗蜜经》卷三（大正八·二三八下）。
② 《摩诃般若波罗蜜经》卷六（大正八·二六〇下——二六一上）。

　　"毕竟空即是毕竟清净,以人畏空,故言清净。"

　　空与净,只是名字不同,而内容是一样的。佛法所说的空,走"最甚深处",而听者容易想像为什么都没有。爱有恶空,是众生的常情,所以大乘空义,属于少数,而非一般人所能信受的,信受也容易误解的。为了教化的方便,所以又称为本性净、毕竟净。虽内容还是一样,而在听众听起来,似乎有清净微妙的存在,只要有所依著,就易于接受了。龙树这一解说,对"初期大乘"说空,而演化为"后期大乘"的说有,提供了一项应机设教的合理解说。

　　"初期大乘经"的部类非常多,有关心性本净说,大抵与《般若经》相契合,如《思益梵天所问经》卷三(大正一五·五一中)说:

　　　　"前际一切法净,后际一切法净,现在一切法净,是三世毕竟净,无能令不净,性常净故,是以说一切诸法性常清净。"

　　　　"何谓诸法性净? 谓一切法空相,……无相相,……无作相,……是名性常清净。以是常净相,知生死性即是涅槃性,涅槃性即是一切法性,是故说心性常清净。"

　　　　"譬如虚空,若受垢污,无有是处;心性亦如是,若有垢污,无有是处。……以心相实不垢污,性常明净,是故心得解脱。"

　　《思益经》从一切性——空、无相、无作的常清净,说到心性常清净。举虚空为譬喻,比喻凡夫心从来不为客尘所染污。这是在法法性净的理念中，阐明心解脱的可能。因为"设垢污者，不可复净"，修行而能达成心净解脱，可见心性的本来清净。

　　大乘经采用"心性本净"说，是应用到多方面的，如《持世经》所说的心念处。观心的生灭，虚妄无实，"从本以来，不生、不起，性常清净，客尘烦恼染故有分别"。从通达心无心相，"不分别是心是非心，但善知心无生相"；"不得心垢相，不得心净相，但知是心常清净相"①。心常清净，是超越于是垢是净的；不著垢相、净相，才是经说心性常净的意趣所在②。《阿阇世王经》是以悟解罪性本空，而忏除罪业为主题的。忏罪的教授，是说明心不可得：不在内，不在外，不在中间；过去心已灭，未来心未至，现在心不住；心无形、无处、无来无去。心如虚空那样，烟、雾等五事，不能使虚空有垢，所以说："心者本净故，亦无有沾污，亦无有而净者。"③如《大净法门经》，应用于烦恼即菩提的说明。一般以为心本清净，而不知一切法本来清净，贪、嗔、痴等烦恼也是本来清净，所以说："若能思惟分别贪欲、嗔怒、愚痴及诸尘劳，本悉清净，是则菩萨求佛道也。"④从这几部大乘经来看，心性本净，只是心空、不可得的别名，决不是说：心有清净庄严的功德。

---

　　① 《持世经》卷三（大正一四·六五八下）。

　　② 《大智度论》卷一九（大正二五·二〇三下——二〇四上），观心念处，就是引用《持世经》的。

　　③ 《阿阇世王经》卷下（大正一五·四〇一下、四〇三上——下）。《文殊支利普超三昧经》卷下（大正一五·四二一下——四二二上、四二四中——四二五上）。

　　④ 《大净法门经》（大正一七·八二四上）。

第四章　如来藏说之孕育与完成

第一节　法法平等与事事无碍

　　如来藏说，不是直承"原始佛教"的法流，而是继承"初期大乘"，适应世俗，有了独到的发展——不共大乘。初期的大乘经，可以《般若》、《华严》为二大流。《般若经》与《华严经》，现存的都是大部，这是不断地传出，而再组集为一部的。在发展而次第集出中，《般若》的传出早一些，但彼此都互相影响，而又表现出独特的风格。《般若经》所说的是菩萨道，菩萨道是以般若的都无所住为主导，重于"正法"的悟入。在般若的如实观中，一切法——境、行、果，一切人——声闻、辟支佛、菩萨、如来，都如幻如化，本性空寂。代表自证内容的真如、法界、实际，也不离如幻如化，本性空寂。《般若经》是以本性空为门，引导行人，透出名相分别的戏论，也就是超脱了语言与思惟，现证"戏论寂灭"的（不过菩萨忍而不证，以免落入二乘）。在现证中，说作什么也是不相符的。超越了时空性，所以没有先后，没有内外、彼此，没有体的生灭、质的垢净、量的增减可说。没有对立——

"二"（也就没有矛盾），也没有变异，充分表显了大乘深观的特性。释尊方便说法，说世间与出世间，有为与无为，生死与涅槃，安立相对的论门（不是相对，就无法可说），使人舍有为而入无为，舍生死而得涅槃。后代的佛弟子，依名相安立，落入相对的有诤论处：世间与出世间的对立，随顺世俗而有碍于胜义的现证。《般若经》以一切性空为门，达到了一切无二、无分别——如，世间与出世间，有为与无为，生死与涅槃，在如、法界、实际（的胜义现证）中，无二、无分别，开展了一切本空、一切皆如、一切平等的理念。

　　"般若波罗蜜能灭诸邪见烦恼戏论，将至毕竟空中。"①《中论》说："诸法实相者，心行言语断，无生亦无灭，寂灭如涅槃。"②戏论寂灭的自证，不能说没有，也不能说有，世俗的"有"、"无"概念，都不能表示戏论寂灭的现证。称之为空，也只是假名安立③，要人无所住著而已。然"般若法门"在开展中，渐演化为不同的二流：一、在现证时，一切戏论、一切幻相都不现前，如清辨（Bhavya）引《般若经》说："慧眼都无所见。"④这是"般若法门"的本义，如瑜伽师不许圆成实性是空，而在根本智证真如——真见道中，也还是一切依他幻相泯灭不现前的。二、西藏传说有二宗，在于现境断绝戏论的"极无所住"（如上所说）外，还有现起与空寂无碍的"理成如幻"⑤。这二宗，在中国佛学中，就是证真

---

① 《大智度论》卷七一（大正二五·五五六中）。
② 《中论》卷三（大正三〇·二四上）。
③ 《中论》卷四（大正三〇·三三中）。
④ 《大乘掌珍论》卷下（大正三〇·二七四下）。
⑤ 《菩提道次第广论》（法尊译汉藏教理院刊本卷一七·二七）。

空与中道了。在"般若法门"中,这二者是次第发展所成的,可以引为证明的,如鸠摩罗什所译《摩诃般若波罗蜜经》卷二(大正八·二二七中——下)说:

> "慧眼菩萨不作是念:有法若有为、若无为,若世间、若出世间,若有漏、若无漏。是慧眼菩萨,亦无法不见,无法不闻,无法不知,无法不识。"

慧眼(prajñā-cakṣus),是现证般若。经上所说的第一节,是不念一切法,下一节是无一法不知。经文用一"亦"字,那是慧眼不见一切而又无所不见,就是中国学者所说的见中道了。玄奘所译,与前《摩诃般若经》相当的,《大般若波罗蜜多经》(第二分)卷四○四(大正七·二一下)说:

> "菩萨摩诃萨慧眼,不见有法若有为、若无为,若有漏、若无漏,若世间、若出世间,……是菩萨摩诃萨慧眼,不见有法是可见、是可闻、是可觉、是可识。"

"第二分"所说与清辨所说相合,"第三分"也是这样说。罗什所译的,不见一切而又无法不见的慧眼,明显地与奘译不同。《大般若波罗蜜多经》(初分)卷八(大正五·四三中)说:

> "诸菩萨摩诃萨得净慧眼,不见有法若有为、若无为,不见有法若有漏、若无漏,……是菩萨摩诃萨得净慧眼,于一切法非见非不见,非闻非不闻,非觉非不觉,非识非不识。"

"初分"的"非见非不见",意思还是一切不见,只是进一步说:不见也不可得而已。"无所不见,……无所不识",其实是佛眼(buddha-cakṣus),这是各种译本所共同的①。将佛眼的"无所不见",作为慧眼的德用,《摩诃般若经》如此,古译的《放光般若经》、《光赞般若经》②,《大智度论》所依的(二万二千颂)经本也如此。《大智度论》卷三九(大正二五·三四八上——中)说:

> "诸佛慧眼,照诸法实性,尽其边底,以是故无法不见,无法不闻,无法不知,无法不识。"

> "问曰:佛用佛眼无法不知,非是慧眼,今云何言慧眼无法不知? 答曰:慧眼成佛时变名佛眼。……成佛时失其本名,但名佛眼。"

"无法不知"是属于佛眼的,为什么也作为慧眼的内容?《智论》解说为"慧眼成佛时变名佛眼",表示慧眼与佛眼只是名字的差别,浅深的差别,而不是体性的不同。在菩萨通达法性时,佛眼就是慧眼;如究竟明净通达,就称为佛眼。这如《十地经》所说,从初地到十地,都名为一切智智那样。"般若法门"的发展(到后来),慧眼从一切法无所见,到达无所见而无所不见。这一演进的程序,成为中国佛教界真空与中道的思想根源。

另一引起不同意解的,如《小品般若波罗蜜经》卷六(大正

---

① 《大般若波罗蜜多经》(初分)卷八(大正五·四四下),又(二分)卷四〇四(大正七·二二下),又(三分)卷四八一(大正七·四四三中)。《摩诃般若波罗蜜经》卷二(大正八·二二八上)。《放光般若波罗蜜经》卷二(大正八·九中)。《光赞般若波罗蜜经》卷二(大正八·一五九中)。

② 《放光般若波罗蜜经》卷二(大正八·九上)。《光赞般若波罗蜜经》卷二(大正八·一五八下)。

八·五六一下）说：

> "菩萨得阿耨多罗三藐三菩提时，为众生说色趣空，说
> 受、想、行、识趣空，一切法皆趣空，不来不去。何以故？色
> 空不来不去，受、想、行、识空不来不去，乃至一切法空不来
> 不去故，一切法趣空，不过是趣。一切法趣无相，趣无作，趣
> 无起，趣无生，趣无所有，趣梦，趣无量，趣无边，趣无我，趣
> 寂灭，趣涅槃，趣不还，趣不趣：一切法不过是趣。"

趣，是究竟归向的意思。求一切法的究竟相，一切法无不是
空的，无不是无生、无我的，寂灭涅槃的（末后的"不还"、"不
趣"，是总说没有趣与不趣）。这只是一切法终归于空，不出于
如；没有比这更甚深的，所以说"不过是趣"，或译为"于如是趣
不可超越"。与《般若经》所说的"深法相"、"深奥义"，是完全
符合的。与《小品》文段相当的，《摩诃般若波罗蜜经》卷一一五
（大正八·三三二下——三三三下）说：

> "为众生说色趣空，说受、想、行、识趣空，乃至说一切
> 种智趣空。……一切法趣空，是趣不过。何以故？空中趣
> 不趣不可得故。"
>
> "一切法趣无相……趣无作……趣无起……趣无所
> 有、不生不灭、不垢不净……"
>
> "一切法趣梦……趣幻、趣响、趣影、趣化……"
>
> "一切法趣无量无边……趣不与不取……趣不举
> 不下……趣不来不去……趣不入不出、不合不散、不著
> 不断……"

"一切法趣我、众生、寿命、人、起、使起、作、使作、知者、见者……"

"一切法趣有常……趣乐、净、我……趣无常、苦、不净、无我……"

"一切法趣欲事……趣嗔事、痴事、见事……"

"一切法趣如……趣法性、实际、不可思议性……趣平等……趣不动相……"

"一切法趣色……趣受、想、行、识……十二入、十八界……"

"一切法趣檀波罗蜜……趣尸罗……趣羼提……趣毗梨耶……趣禅那……趣般若波罗蜜……"

"一切法趣内空……趣外空……趣内外空……乃至一切法趣无法有法空……"

"一切法趣四念处，乃至八圣道分……"

"一切法趣佛十力，乃至一切种智……"

"一切法趣须陀洹果、斯陀含果、阿那含果、阿罗汉道、辟支佛道……趣阿耨多罗三藐三菩提……"

"一切法趣须陀洹，乃至佛，是趣不过。何以故？须陀洹乃至佛中，趣不趣不可得故。"

《小品般若》所说，只是一切法趣于如梦如幻、本性空寂的涅槃——"最甚深处"。《摩诃般若波罗蜜经》所说，有二大段：从一切法趣空，到一切法趣平等，趣不动，大体与《小品经》相合。以下的一大段：一切法趣色……识，到一切法趣佛，《大智度论》卷七一（大正二五·五六〇下）解说为：

"色等法亦尔,终归于空。诸法究竟相必空故,余者皆虚妄。……我等十六名,皆因五众和合,假有此名无有实法。……如常(乐我净)等四法不可得,以颠倒故。色等诸法亦如是。"

色等蕴、处、界法、六度、十八空、三十七品等行法,须陀洹果等果法,须陀洹、佛等人,一切都无非是假名施设,"终归于空"。所以经说一切法趣色,到趣佛,都以"毕竟不可得故",说明没有趣与非趣可说。一切法趣一切法,其实是一切法趣一切法性——毕竟不可得(空、如)。不过,一切法趣一切法的经文,可能被意解为:一切法与一切法,无著无碍,与《华严》相涉相入的思想合流。

《华严经》也是宣说菩萨行的,中国佛学所说的修行位次——十住,十行,十回向,十地,就是依据《华严经》的集成次第,而被公认为菩萨行位次第的。但《般若》着重于菩萨的自行化他,"无所得为方便"的进修,而《华严》是以如来甚深果德为重的。古译的《兜沙经》,是大部《华严》的少分。《三曼陀跋陀罗菩萨经》,说到"般若波罗蜜,兜沙陀比罗经"[1]。兜沙陀比罗(Tathāgata-piṭaka),意译为如来(箧)藏。如来甚深果德的显示,在大部《华严经》中,如"晋译本"的《世间净眼品》、《卢舍那佛品》,就是"唐译本"的前六品。在大众部中,如来的无漏身,已经是"色身无边际","寿量无边际","威德无边际","一音说一切法","一念知一切法"。同时,十方有无量世界,无数佛现在。

---

[1] 《三曼陀跋陀罗菩萨经》(大正一四・六六六下)。

原则地说,这些都与《华严经》说相同。承受这些信念,在平等寂灭的悟解中,以信仰的、艺术的、神秘的意境,将如来的甚深果德,无尽利生的大用,充分表达出来,成为庄严瑰奇的毗卢遮那佛、华藏庄严世界海。以此为信解修证的理想,然后明菩萨的行位到成佛。《般若》所显示的无性、空、不生不灭、寂静、无二无别——一切法的平等寂灭,《华严经》是相同的。一般以为《华严经》是妙有说,然与后期大乘,批判一切法空而别说不空,并不相同。法法平等,正如《维摩诘所说经》所说的“如者,不二不异”(无分别、无变异):“一切众生皆如也,一切法亦如也,众贤圣亦如也,至于弥勒亦如也。”①法法的胜义平等,如说到事相——凡圣、道果、生死涅槃,一切是世俗施设,所以一切是“唯名唯表唯假施设”。这是“般若法门”,深入胜义而不违世俗的善巧! 对于法法平等,如不重视(世俗施设的)一切法,与(胜义现证的)如的不即不离,而直说一切法的无二无别,自然会引出一切法“相即相入”、“法法无碍”的理论。如众生如此,如来也如此,众生与如来无二无别,那就可以意解出:众生不离如来,如来不离众生;众生即如来,如来即众生。大众部说如来“色身无边际”,也就是佛身遍满而无所不在。这是信仰的事实,受到法法平等、相涉相入思想的启发,那就佛与佛相即相入,平等无碍。也可以意解出:如来遍在众生中,(众生遍在如来中,)如来与众生,也相即相入而平等无碍。这样,众生身中有如来的如来藏说,在华严的无碍法界中,以象征的、譬

喻的形式,渐渐地开展出来。

第二节　《华严经》含蓄的如来藏说

如来藏思想,隐约地出现于《华严经》中,以譬喻的、象征的而表示出来。在《华严经》中,主要的就有三处:

一、《宝王如来性起品》:晋佛陀跋陀罗所译,为《华严经》第三二品。晋竺法护所译的,名《如来兴显经》。唐实叉难陀所译《华严》第三七品,名《如来出现品》。梵文也是如来兴起、出现的意义。晋译作"如来性起","性起"为后代华严学家所重视。《大方广佛华严经》(《如来性起品》)卷三五(大正九・六二三下——六二四上)说:

> "无有众生,无众生身如来智慧不具足者,但众生颠倒不知如来智;远离颠倒,起一切智、无师智、无碍智。佛子!譬如有一经卷,如一三千大千世界,大千世界一切所有无不记录。……彼三千大千世界等经卷,在一微尘内,一切微尘亦复如是。……佛子! 如来智慧、无相智慧、无碍智慧,具足在于众生身中,但愚痴众生颠倒想覆,不知不见,不生信心。尔时,如来以无障碍清净天眼,观察一切众生,观已作如是言:奇哉! 奇哉! 云何如来具足智慧在于身中而不知见! 我当教彼众生,觉悟圣道,悉令永离妄想颠倒垢缚,具见如来智慧在其身内,与佛无异。"

三千大千世界经卷在一微尘内,譬如如来智慧在众生身内;

一切微尘都是这样,就是一切众生都有如来智慧。约佛说,佛的智慧遍入一切众生身中;约众生说,众生具足如来智慧。"众生身",依《宝性论》所引,原文为 sattva-citta-saṃtāna,应译作"众生心相续"。这一段文,在《如来性起品》的"如来应供等正觉心"段中,表示了众生具有如来智慧说,是众生心的本具如来智德。这一经文,被看作如来藏说,为后代如来藏学者所一再引述。《如来藏经》的译者——佛陀跋陀罗译作"如来性起",又在本品末说:"如是微密法,无量劫难闻,精进智慧者,乃闻如来藏。"①明确地说到了"如来藏"。然唐译与此相当的,作:"如是微密甚深法,百千万劫难可闻;精进智慧调伏者,乃得闻此秘奥义。"②晋译的如来藏,是秘奥藏,可以从旁证而确定的,如说③:

1."如是洪范,则是如来秘奥之藏。"

2."此经名为一切诸佛微密法藏。"

3."此法门名为如来秘密之处。"

三种不同译本,都称这一法门为"如来秘密藏",可见晋译本的"如来藏",是如来秘密藏——秘密处(guhya-sthāna),而不是胎藏的藏(garbha)。《如来性起品》传出的时间迟一些,思想与如来藏说相近,但还没有"如来(胎)藏"的名目。

二、《十地品》:一般称为《十地经》;竺法护译为《渐备一切智德经》,鸠摩罗什译为《十住经》。在本品中,与如来藏说相近

①　《大方广佛华严经》卷三六(大正九·六三一上)。

②　《大方广佛华严经》卷五二(大正一〇·二七八下)。

③　1.《如来兴显经》卷四(大正一〇·六一三上)。2.《大方广佛华严经》卷三六(大正九·六二九下)。3.《大方广佛华严经》卷五二(大正一〇·二七七中)。

的,有金喻与宝喻。金——炼金喻,《杂阿含经》已说到了。本品的炼金喻是分散在十地中的,每一地都以金为譬喻,比喻"此诸功德,皆回向萨婆若,转益明显,随意所用";"一切善根转胜明净"等①。以炼金喻说明地上的功德善根,一地一地的展转增胜。菩萨的功德善根,当然以智(菩提)德为主,所以这一法门名为"渐备一切智德"。大摩尼宝喻在《十地品》末,如《大方广佛华严经》卷二七(大正九·五七五中)说:

> "譬如大摩尼宝珠,有十事能与众生一切宝物。何等为十? 一、出大海;二、巧匠加治;三、转精妙;四、除垢秽;五、以火炼治;六、众宝庄严;七、贯以宝缕;八、置琉璃高柱;九、光明四照;十、随王意雨众宝物。菩萨发菩提心宝,亦有十事,何等为十? 一、初发心布施离悭;……十、诸佛授智职,于一切众生能为佛事,堕在佛数。"

大摩尼宝的从海中得来,经冶炼到悬在高柱上,雨一切众宝,如众生发大菩提心,从初地……十地而成佛。宝从大海中来,还需要冶炼,但宝的体性与德用,是早已成就了的;与金从矿中采出,经冶炼而制成饰物,而金性是矿中已经成就了的一样。以此来譬喻菩提心,菩提心从初地到十地、成佛,是菩提的发起到圆满菩提,暗示了菩提是本来如此的。金喻与宝喻,以菩提(智德)为主,而说明菩提的离垢到究竟清净,发生无边的利生德用。在本品中,也没有说到"如来藏"的名目,但如来藏学者,

---

① 《大方广佛华严经》卷二三(大正九·五四七上),又卷二五(大正九·五五九下)。

作为众生本有菩提，与如来藏说为同一内容。

三、《卢舍那品》：晋译的《卢舍那品》第二，与唐译本的第二——六品相当。卢舍那——毗卢遮那佛的世界，名华藏庄严世界海，从世界住在莲花上得名，如（唐译）《大方广佛华严经》说①：

> 1."此香水海，有大莲华，名种种光明蕊香幢，华严庄严世界海住在其中。"
>
> 2."华藏世界海，法界等无别，庄严极清净，安住于虚空。此世界海中，刹种难思议。……如是诸刹种，悉在莲华住。"

世界是住此莲花上的。世界中有佛出现，有菩萨众翼从，这又都是坐在莲花上的。佛与世界都安住在莲花上，到底意义何在？《大智度论》卷八（大正二五·一一六上）说：

> "劫尽烧时，一切皆空。众生福德因缘力故，十方风至，相对相触，能持大水。水上有一千头人，二千手足，名为韦纽。是人脐中出千叶金色妙宝莲华，其光大明，如万日俱照。华中有人，结跏趺坐，此人复有无量光明，名曰梵天王。此梵天王心生八子，八子生天地人民。……是梵天王坐莲华上，是故诸佛随世俗故，于宝华上结跏趺坐。"

韦纽脐中生莲花，梵天王坐莲花上，是印度的创造神话。这

---

　　① 《大方广佛华严经》卷八（大正一○·三九中），又卷一○（大正一○·五一中）。

一创造天地人民的神话,与《摩诃婆罗多》第三卷二〇三章的传说相近。所以,华藏世界住莲花上,佛菩萨坐莲花上,都不过是"随世俗法",在印度神教文化区中,为了适应神教信仰的新适应。从莲花的表征来说,是有相当意义的。莲花是深受人类推重的,《阿含经》与《法句》已经用莲花为譬喻。部派佛教中,塔(stūpa)与支提(caitya)的庄严,也有作莲花形的。莲花的受人重视,有两点:一、莲花生在淤泥里,却不受淤泥的污染,微妙香洁。《阿含》与《法句》以莲花为譬喻,象征(共三乘)圣者的不染烦恼,品德的高尚与清净。我国周敦颐的《爱莲说》,也只是这个意思。如约不离淤泥而生长来说,那就如不离生死与烦恼的菩萨,如《维摩诘经》所说的①。二、莲花从含苞到开放,莲实已在花内生长。等到花瓣脱落,莲实(莲台)就完全呈现出来。平常说《华严》是以"万行之因花,严万德之佛果"。花如菩萨行,莲实如佛果。在菩萨修行时,佛果(菩提)已内在,等到因行满足,也就是圆满菩提。象征这一意义的,是莲花开而如来出现,坐在莲花台上。《华严经》与《法华经》重视佛果,都以莲花为譬喻。所以《卢舍那品》所显示的华藏庄严世界海,以及佛菩萨坐莲花上,都暗示了菩提本有,待万行而显出庄严佛果的意思。莲花开敷,中有如来坐在莲花座上,有通俗的神话背景,容易在佛教中传开;而有类似意义的如来藏说,也就适于通俗而流行起来。《华严经》所传的"华藏庄严世界海",藏文译本中有garbha,即如来藏的(胎)藏,莲实在花内,正如在胎内一样。不

①　《维摩诘所说经》卷中(大正一四·五四九中)。

过唐代所传,华藏世界海的原语,还是没有胎藏(garbha)的①。

总之,《华严经》的微尘内有三千大千经卷喻,及金喻、宝喻,特别是华藏所象征的意义,即使还没有明确地提到如来藏一词,但如来藏说,已确乎达到了呼之欲出的阶段。

第三节　心·菩提心·菩提·众生界

华严法门是起于南方的。南方的部分持法比丘,取《华严经》等譬喻,宣扬"如来常、恒及有性"的法门;而后如来藏、如来界、佛藏、佛性、众生界、我的教说,形成"真我"——不空大乘的一大流;是重在如来果德,及众生本有佛性的。如来藏说的引发因缘是多方面的,菩提与菩提心是近于如来藏说的。如《华严经·如来性起品》,"如来应正等觉心"中,说到如来智慧(菩提的异名)在众生心相续中。《十地品》的金喻与宝喻,是比喻十地所有菩提心、一切智智的。《升夜摩天宫品》说:"心如工画师,能画诸世间,五蕴悉从生,无法而不造。如心佛亦尔,如佛众生然。……若人欲了知,三世一切佛,应观法界性,一切唯心造。"②《十地品》说:"三界所有,唯是一心。"③华严的唯心说,当然是心性本净的。

一般地说,菩提——无上菩提,是如来的果智。声闻法中,约修行所成就说,以为菩提是有为法。在大乘中,菩提是超越时

① 《大方广佛华严经随疏演义钞》卷二六(大正三六·一九九上)。
② 《大方广佛华严经》卷一九(大正一〇·一〇二上——中)。
③ 《大方广佛华严经》卷三七(大正一〇·一九四上)。

空相对性的,如《维摩诘所说经》说:"菩提者,不可以身得,不可以心得";"以世俗文字数故说有三世,非谓菩提有去来今。"①大乘所说的菩提心,是求得佛菩提的心;发菩提心,只是上求佛道(菩提)的愿欲。论到菩萨行位,十住说比欢喜等十地说要早些。十住的初住,名发心住,如《大方广佛华严经》卷八(大正九·四四五上)说:

> "何等是菩萨摩诃萨初发心住? 此菩萨见佛三十二相,八十种好,妙色具足,尊重难遇;或睹神变;或闻说法;或听教诫;或见众生受无量苦;或闻如来广说佛法;发菩提心,求一切智,一向不回。"

初发心住的发菩提心,是愿求一切智,坚定不移的。重颂中广说发心,都这样说:"悉欲……菩萨于此初发心。"发大誓愿,志求佛道,是菩提心的原始意义。在大乘法的开展中,菩提心不只是菩提愿(这是不可缺的),更有深一层的意义,那就是"菩提的自觉",佛菩提的少分显发。如《小品般若》说"是心非心,心相本净故",本来是泛说菩萨心②。到了《大品般若》(如《大般若经》的前三分)就举"菩提心"、"无等等心"、"广大心",而说本性净,也就是本净菩提心③。本净菩提心,称为胜义菩提心;而愿求一切智的菩提心,被称为世俗菩提心。《十地品》明胜义菩提心,也说"十无尽藏"大愿。菩提心是(心净性,也是)本有

---

① 《维摩诘所说经》卷上(大正一四·五四二中),又卷中(大正一四·五四八下)。

② 《小品般若波罗蜜经》卷一(大正八·五三七中)。

③ 《大般若波罗蜜多经》(第二分)卷四〇八(大正七·四四下)。

佛菩提的显发,展转明净,所以用金与宝来譬说。直指众生身中有佛性,是如来与如来藏说;菩萨位中本有菩提的显发,是菩提与菩提心说。这二说有着共同的倾向,所以后代学者作为同一法门来处理。

以菩提、菩提心为主的圣典,数目不少,这里只略举为例。依《华严经·十地品》的内容增减而别为编集的,如姚秦鸠摩罗什所译的《庄严菩提心经》,元魏吉迦夜所译的《大方广菩萨十地经》。唐菩提流志所译的,编入《大宝积经》(四十五会)的《无尽慧菩萨会》,都是同本异译,大同小异。陈真谛所译《金光明经》的《陀罗尼最净地品》,也是同本而略有增减,只是人名的变化罢了!这几部经,首先问"何者是菩提心",菩提与心的关系;说到菩提、心、萨埵(众生)、一切法,都是假名安立而无所得的。"若于一切法无所得,是名得菩提。"这是随顺般若,般若相应的。从菩提的不可施设,非三世,而说到心、众生、一切法①。《庄严菩提心经》说:"菩提即是心,心即是众生,若能如是解,是名菩萨修菩提心。"②与《华严经》的"心佛众生,三无差别"相合。菩萨修行,以发菩提心为先,而发菩提心,要从"非去来今"的菩提说起,这是与如来藏说有着共同的倾向。

昙无谶所译《大集经》的《序品》、《陀罗尼自在王菩萨品》,竺法护所译的,名《大哀经》。这是《宝性论》所依的本经,在古

---

①　《庄严菩提心经》(大正一〇·九六一中——下)。《大方广菩萨十地经》(大正一〇·九六三中——下)。《大宝积经》卷一一五《无尽慧菩萨会》(大正一一·六四八上——中)。《合部金光明经》卷三(大正一六·三七二下)。参考《文殊师利问菩提经》(大正一四·四八一下);异译各本均同。

②　《庄严菩提心经》(大正一〇·九六一中)。

人的心目中,这至少是与如来藏说有密切关系的。《宝性论》依《序品》,立佛宝(buddha-ratna)、法宝(dharma-ratna)、僧宝(saṃgha-ratna)——三宝性,而归于佛宝。依《陀罗尼自在王菩萨品》,立如来界、菩提、如来功德、如来业。到底本经说些什么?《陀罗尼自在王菩萨品》中,先说菩萨大行:四菩萨璎珞庄严,八菩萨光明,十六菩萨大悲,三十二菩萨善业。次说如来果德:如来十六大悲,如来三十二业——十力、四无所畏、十八佛不共法。以不断菩萨授记,为如来真实之业。其次降魔:说八种陀罗尼,宝炬陀罗尼。《大集经》的这一部分,被作为如来藏说,可说是论师的方便。经上说"不断三宝种性",依之而立三宝性。其实,"不断三宝种性"的话,是多种大乘经所说的;而《序品》中提到佛、菩萨众,所说的法门,也是极一般的。说菩萨行与佛功德,也不能说与如来藏有什么关联。有些近似的,是所说的如来十六大悲。如来为众生起大悲,是由于众生的不知菩提。经上说:菩提是"无根无住","清净寂静","心性本净","不取不舍","无想无缘","非是三世","无身无为","无有分别,无有句义","不可以身得,不可以心得","无取无缘","名之为空","同于虚空","名真实句","非内非外","无漏无取","清净寂静光明无诤"。如《大方等大集经》卷二(大正一三·一一中——一三中)说:

> "如来所得无上菩提,无根无住。根名我见,住名四颠倒。……一切众生皆悉无有,无根无住。欲施众生无根无住,起大悲心,如来于此欲令知故,演说正法。"(其余十五大悲,体例相同。)

依《陀罗尼自在王品》，可说众生本来就是菩提那样的。菩提无根无住，众生也无根无住，可是众生不知道，如来所以起大悲心而为说法。这与《华严经》慨叹"奇哉！奇哉！云何如来具足智慧，在于身中而不知见"，是同一意境。众生不知不得，如来为此而起大悲，有十六事。如菩提"名之为空"，"同于虚空"，与如来藏说不同，而是近于《般若》、《华严》的。

在广说如来德业以后，有宝珠譬喻，如《大方等大集经》卷三（大正一三·二一下）说：

> "善男子！诸佛所说，观察众生及佛世界，解脱涅槃，等无差别。佛观法界皆一味已，转不可转正法之轮。"

> "善男子！譬如善识真宝之匠，于宝山中获得一珠。得已，水渍；从渍出已，置醋浆中，从醋浆出已，置之豆汁；意犹不已，复置苦酒；苦酒出已，置众药中；从药出已，以瓒褐磨：是名真正青琉璃珠。"

> "善男子！如来亦尔。知众生界不明净故，说无常苦及以不净，为坏贪乐生死之心。如来精进无有休息，复为演说空、无相、（无）愿，为令了知佛之正法。如来精进犹不休息，复为说法，令其不退菩提之心，知三世法，成菩提道。"

经中先列举众生、世界、解脱、涅槃的"法界一味"——凡圣、依正的平等一如，作为佛法的究极意义，然后说明如来的次第说法。从矿中采得的宝珠，如"众生界不明净"；经佛法的修治，成菩提道，入佛境界，就是明净的宝珠，众生界的离垢清净。青琉璃宝譬喻，不约菩提心说起，而是直从众生界说起，到成菩提道，入如来境界，与如来藏说完全一样。关于如来说法，分三阶段：初说无常、苦、无我，是声闻法（见《宝性论》引文）；次说空、无相、无愿，令（菩萨）少分的了解正法；末说不退转法轮，使得三事清净，证入正法。这一次第，与《解深密经·无自性相品》所说的三时教①，虽略有不同，而在说一切法空、无相、无愿以上，有更深一层的教法，大体是一致的。这是三时教的又一型。从青琉璃喻，可以看出《陀罗尼自在王菩萨品》的集成，是在般若法门盛行以后的。

经文的护法降魔中，有象征如来藏法门的部分，如《大方等大集经》卷四（大正一三·二二中）说：

> "魔王闻是语已，如教谛观，见其脐中，有一世界名水王光，有佛世尊号宝优钵罗。其世界中，有大宝山，如来处中，结加趺坐，与诸菩萨宣说正法。"

诸法神通王菩萨，自称"我此身常住无变"，在他的脐中有世界与佛。"宝优钵罗"，晋译作"乐莲华首"。"有大宝山"，晋译作"又有莲华名宝庄严"②，这是佛菩萨所坐的。与印度神话有关，象征诸法神通王身中，有此（莲花中有佛）宝器——如来藏。《陀罗尼自在王菩萨品》虽没有如来藏的名词，但说到菩提、功德，众生界及身中有宝器的譬喻，所以受到《宝性论》主的重视。

---

① 《解深密经》卷二（大正一六·六九七上——中）。
② 《大哀经》卷六（大正一三·四四○中——下）。

第四节　《如来藏经》

继承《华严》的《如来性起品》，以如来藏为主题而出现于大乘佛教界的，是《如来藏经》。这是对以后的大乘佛教有极深远影响的譬喻集。僧祐《出三藏记集》，说到晋惠帝时（西元二九〇——三〇六），法矩译出《大方等如来藏经》，《旧录》作《佛藏方等经》①。《如来藏经》的传来中国，与竺法护所译"华严部"的《如来兴显经》、《渐备一切智德经》，"大集部"的《大哀经》（《陀罗尼自在王菩萨品》与《序品》的旧译）等同时。可见《如来藏经》的集出约与这几部经同时，可能多少迟一些，成立于西元二五〇年以前。法矩所译的经本已经佚失了，现在存有东晋佛陀跋陀罗的《大方等如来藏经》、唐不空所译的《大方广如来藏经》。传说本经是如来成道十年所说，表示比佛成道时所说的《华严》要迟些吧！

经文一开始，佛就现神变，象征了这一法门，如《大方等如来藏经》（大正一六·四五七上——中）说：

> "世尊于栴檀重阁，正坐三昧而现神变：有千叶莲花，大如车轮，其数无量，色香具足而未开敷，一切花内皆有化佛。……一一莲花放无量光，一切莲花同时舒荣。佛神力故，须臾之间，皆悉萎变。其诸花内，一切化佛结加趺坐，各放无数百千光明。……见佛百千亿，坐彼莲花藏。"

---

① 《出三藏记集》卷二（大正五五·九下）。

神变所现的无数莲花,花内都有化佛。花开了,又萎谢了,一切佛都显现出来,坐在"莲花藏"上。这与《华严经》的"华藏"相同,"华藏"在唐译本中,作"华胎",正是莲花没有开以前,花内已有的莲实。这一神变所表征的意义,就是众生身中有佛,经修持而显现出来。为了开示这一神变的意义,举九种譬喻:一、萎花有佛;二、蜂群绕蜜;三、糠桧粳粮;四、不净处真金;五、贫家宝藏;六、谷内果种;七、弊物裹金像;八、贫女怀轮王;九、铸模内金像。九种譬喻中,萎花有佛,是如来在"华藏"中,也就是名为"如来藏"的根本喻。其他,贫贱女怀轮王出于《宝积经》①。《十地经》的金喻与宝喻,本经共有四喻:不净处真金、贫家宝藏、弊物裹金像、铸模内金像,都只表示如来本有,而没有《十地经》所说的冶炼意义。蜂蜜、糠粳、果种喻,为本经独有的比喻。这九种譬喻,后代论师——《宝性论》主解说为如来藏为九类烦恼所染,然九喻的共同意义,是在众生烦恼身中有清净如来。到底众生身中的如(胎)藏是怎样的呢? 如《大方等如来藏经》(大正一六·四五七中——下、四五八中、四五八下、四五九上)说:

> "一切众生,贪欲恚痴诸烦恼中,有如来智、如来眼、如来身,结加趺坐,俨然不动。……有如来藏常无染污,德相备足,如我无异。"
>
> "如来知见、力、无所畏,大法宝藏,在其身内。"
>
> "彼如来藏清凉无热,大智慧聚,妙寂泥洹,名为如来应供等正觉。"

---

① 《大宝积经》卷一一二《普明菩萨会》(大正一一·六三四中——下)。

"佛藏在身,众相具足。"

如来藏是众生身内的如来知见、力、无所畏——大智慧聚,也就是妙寂的涅槃。然依第一则说,如来藏不但是如来智,也是如来身、如来眼(众生具足),结加趺坐,与佛没有不同。正如《楞伽经》引经所说:"如来藏自性清净,转三十二相,入于一切众生身中。"①这样的如来藏,与如来同样的相好庄严。众生身内有这样的如来藏,难怪楞伽会上,提出一般人的怀疑:这样的如来藏,不就是外道的神我吗?

《华严经》的华藏法门,重重无尽,事事无碍,表显出宏伟庄严的佛德。这是菩萨所仰望,菩萨进修的理想。卢舍那——毗卢遮那是:"无量劫海修功德,供养十方一切佛,教化无边众生海,卢舍那佛成正觉。"②广大圆满的佛德,要从无量劫海的自利利他中来,在佛教思想上,胜过声闻的急求己利,有其不朽的价值! 这样功德圆满的佛,虽多少适应印度的神教,但"无量劫海修功德"虽钦仰信受,而终觉得不容易成就! 如来藏法门,承"一切众生同有如来智慧德相",而更具体地通俗化,一连用九种譬喻来譬说,使人人觉得身相庄严的如来就在自己身中,现现成成地不离自身,而容易激发愿求修持的精进。西藏多拉那他的《印度佛教史》说:南印度毗土耶那竭罗地方,《如来藏经》的偈颂,连童女们都会吟咏歌唱③。佛教的通俗化、大众化,如来藏说的确有不容忽视的力量!

---

① 《楞伽阿跋多罗宝经》卷二(大正一六・四八九上)。
② 《大方广佛华严经》卷二(大正九・四〇五下)。
③ 多拉那他《印度佛教史》(寺本婉雅日译本一三九)。

第五章 如来藏说之初期圣典

第一节 初期圣典与弘传者的风格

如来藏说,西元三世纪中从大乘佛教界传布出来。从众生自己身心中,点出本有如来藏性,而得一切众生成佛的结论。教说通俗而又切要,成为后期大乘(经)的主流。如来藏是如来在胎藏中,也就是众生(因)位的如来。从"如来常住不变"的思想,而理解出众生本有如来体性。代表这一法门的初期经典,在第一章叙列的经典中,主要的有七部:一、《大方等[广]如来藏经》,现存晋佛陀跋陀罗、唐不空所译的二本。二、晋法显所译的《大般泥洹经》六卷,与北凉昙无谶所译的《大般涅槃经》(初分)前四品、十卷相当。《大般涅槃经》本来也只是这一部分,后来昙无谶到西域去搜集,才续译成四十卷。《大般涅槃经》"初分",是经的原始部分。这一部分,法显与智猛都是在华氏城大乘寺中得来的,昙无谶也是中天竺人,可见当时(西元五世纪初)华氏城一带,这部经是相当流行的。三、《大云经》——《大方等无想经》,现存残本七卷,也是昙无谶译的。四、《大法鼓

经》二卷；五、《央掘魔罗经》四卷；六、《胜鬘师子吼一乘大方便
方广经》二卷：这三部，都是宋元嘉年间，求那跋陀罗所译的。
七、《不增不减经》一卷，元魏菩提流支译。

上面所列几部经，足以代表早期的如来藏说，虽然法门是相
通的，而说法的因缘，说明的内容，传出的先后，也有多少不同。
如《如来藏经》：以"华藏"为缘起，受到了《华严经》的影响，专
用譬喻来说明，在烦恼覆藏中，一切众生有如来藏。依晋译本，
佛性、佛藏、如来性，都是如来藏的异名。《大般涅槃经》（初
分）：以如来的入涅槃为缘起，说如来常住大般涅槃，不同于二
乘所见的入灭。如来常住，所以一切众生有佛性，如《大般涅槃
经》卷七（大正一二·四〇七中）说：

> "我者，即是如来藏义；一切众生悉有佛性，即是
> 我义。"

《大般涅槃经》说一切众生有佛性，佛性就是如来藏我
（ātman），对我有着力的说明。经上又说："我者即是佛义，常者
是法身义，乐者是涅槃义，净者是法义。""我者名为如来，……
常者如来法身，……乐者即是涅槃，……净者诸佛菩萨所有正
法。"[1]大般涅槃的四德，依如来、法身、涅槃、正法而安立，都是
异名而同实的。《大云经》——《大方等无想经》，经上简略地说
到："一切众生皆有佛性，其性无尽。……令诸众生明见佛性，得
见如来常乐我净。"[2]《央掘魔罗经》：以央掘魔罗（Aṅguli-māla）

---

① 《大般涅槃经》卷二（大正一二·三七七中、下）。
② 《大方等无想经》卷一（大正一二·一〇八二下）。

执剑害佛为缘,受有文殊执剑法门的影响,呵斥诸天、声闻大弟子、文殊的空行。一再说"一切众生有如来藏","如来常恒不变如来之藏"。经上说"一切众生界是一界";"一切众生界、我界,即是一界"。"界、安隐界、一切众生第(是?)一界,无垢如来藏"①,表示了如来藏与众生界、我界的同一性。《大法鼓经》:以波斯匿王(Prasenajit)的击鼓见佛为缘起,可说是《法华经》的如来藏化。从"众生和合施设"说起,说到众生的不增不减。不减,所以"众生般涅槃者,为有尽耶? 为无尽耶? 佛告迦叶:众生无有尽";"般涅槃者,悉皆常住"②。又说:"佛性无量相好庄严照明";"如来之性,净如满月";"彼众生界无边净明";"一切众生有如来藏,一性、一乘"③。众生是和合施设的,而众生界与如来界(性)一致,富有犊子部所说,我假施设而有不可说我的意味。《胜鬘经》:受到了《法华经》的影响,说"正法",二乘涅槃的不真实,阐明一乘而说到如来藏。如《经》(大正一二·二二〇下、二二一下、二二二中)说:

> "得一乘者,得阿耨多罗三藐三菩提;阿耨多罗三藐三菩提者,即是涅槃界;涅槃界者,即是如来法身。"
>
> "如来法身不离烦恼藏,名如来藏。"
>
> "如来藏者,是法界藏,法身藏,出世间上上藏,自性清净藏。"

---

① 《央掘魔罗经》卷四(大正二·五四〇下),又卷三(大正二·五三七中)。
② 《大法鼓经》卷上(大正九·二九三上、二九四下)。
③ 《大法鼓经》卷下(大正九·二九七中)。

《胜鬘经》说到了心识与如来藏的关系。说到"自性清净心而有染污",更明确地到达空如来藏、不空如来藏的安立①。《不增不减经》:从众生的不增不减,说"一界"的甚深。《经》(大正一六·四六七上)说:

"甚深义者,即是第一义谛;第一义谛者,即是众生界;众生界者,即是如来藏;如来藏者,即是法身。"

第一义谛、众生界、如来藏、法身,四者是异名而同一实质的。依众生界说如来藏三义,如《经》(大正一六·四六七中)说:

"众生界中示三种法,皆真实如不异不差。何谓三法?一者,如来藏本际相应体及清净法;二者,如来藏本际不相应体及烦恼缠不清净法;三者,如来藏未来际平等恒及有法。"

众生界所示的三法,第一是如来藏不空义,第二是如来藏空义,第三约如来藏的平等、恒、有法,也就是普遍、永恒、真实有。经上解释说:"如来藏未来际平等恒及有法者,即是一切诸法根本,备一切法,具一切法,于世法中不离不脱真实一切法,住持一切法,摄一切法。舍利弗!我依此不生不灭、常恒清凉、不变归依,不可思议清净法界,说名众生。"②"一切法根本,……住持一切法,摄一切法",就是如来藏为依、为持,而有世间生死,及涅槃真实法。如来藏为依而有一切法,与《胜鬘经》所说的相合。

---

① 《胜鬘师子吼一乘大方便方广经》(大正一二·二二二中、下、二二一下)。
② 《不增不减经》(大正一六·四六七下)。

《央掘魔罗经》、《胜鬘经》、《不增不减经》，都说到了心自性清净。特别是《胜鬘经》与《不增不减经》，文义精简而富有条理，近于论典，在如来藏经部中，为成熟而传出迟一些的要典。

初期的如来藏说，依经文所说，可证明是兴起于南印度的。在传说中，与一切世间乐见比丘有关，如《大法鼓经》说①：

> "有离车童子，名一切世间乐见，作转轮圣王。……佛记此童子，当来有佛名释迦牟尼，世界名忍，汝童子名一切世间乐见离车童子。佛涅槃后，正法欲灭，余八十年，作比丘，持佛名，宣扬此经，不顾身命。百年寿终，生安乐国，得大神力，住第八地。"

> "一切世间乐见离车童子，于正法欲灭余八十年，……当广宣唱大法鼓经。……此童子闻此经已，……为凡夫身，住于七地。正法欲灭余八十年，在于南方文荼罗国，大波利村，善方便河边，迦耶梨姓中生，当作比丘，持我名。"

依经文说，释尊时代的离车族的一切世间乐见童子，就是未来一切世间乐见比丘的前生。乐见比丘生在印度南方，不顾身命地宣扬这一法门。《大云经》——《大方等无想经》，也大同小异地说到：梨车童子一切世间乐见，宣说舍利不可得②。他是大精进龙王的后身；在释迦佛的正法将灭时，出家护持佛法③。一切世间乐见比丘，生在南天竺的须赖吒国，善方便河边，华鬘村

---

① 《大法鼓经》卷上（大正九·二九四上——下），又卷下（大正九·二九八下——二九九上）。

② 《大方等无想经》卷四（大正一二·一〇九六下——一〇九七上）。

③ 《大方等无想经》卷四（大正一二·一〇九七中——一〇九八上）。

中。"其年二十，出家修道，多有徒众。……为护正法，不惜身命。"那时是"法垂欲灭余四十年"，娑多婆诃那（Sātavāhana）的时代①。这位持法比丘，受到当时一般比丘的反对，如《大方等无想经》卷五（大正二四·一一〇〇中——下）说：

> "咄哉！咄哉！如是众生乐见比丘，实非比丘作比丘像，远离诸佛所说经典，自说所造名《大云经》；远离诸佛所制禁戒，自为众生更制禁戒。…… 如是邪法，谁当信受！……诸恶比丘寻共害是持法比丘。"

《央掘魔罗经》中，没有说到一切世间乐见比丘，但央掘魔罗的幼年名字，叫"一切世间现"②；未来成佛时，是"南方……有国，名一切宝庄严，佛名一切世间乐见上大精进"③。"一切世间现"与"众生乐见"，与"一切世间乐见（童子或比丘）"，是不能说无关的。佛名"上大精进"，也与《大云经》所说，一切世间乐见童子的前身，是"大精进（龙）王"相合。这位传说中的比丘——一切世间乐见，就是弘扬这一法门的比丘；生于南方，娑多婆诃那——案达罗（Andhra）王朝时代。案达罗王朝亡于西元二三六年顷，所以这位持法比丘，不能迟于西元二世纪末。经典的集成，可能在西元三世纪间。《大般涅槃经》、《胜鬘经》、《不增不减经》，虽法门相通，但没有说到这位持法比丘，似乎已从南方而传弘到中印度或西北印度了。传说的一切世间乐见比

---

① 《大方等无想经》卷五（大正一二·一〇九九下——一一〇〇上）。
② 《央掘魔罗经》卷一（大正二·五一二中）。
③ 《央掘魔罗经》卷四（大正二·五四三上）。

丘,应该是龙树、提婆那样的历史人物。

《大法鼓经》说,一切世间乐见比丘"百年寿终,生安乐国,得大神通,住第八地",与传说的龙树相似,如《入楞伽经》卷九(大正一六·五六九上)说:

> "如来灭度后,未来当有人,大慧汝谛听,有人持我法。于南大国中,有大德比丘,名龙树菩萨,能破有无见,为人说我法,大乘无上法。证得欢喜地,往生安乐国。"

"南大国中",据梵文本,是南方的 Vedalī①,与《大法鼓经》的"文荼罗"相近。汉译《楞伽经》的龙树,依梵本及藏文本,是 Nāgāhvaya,意译为"龙呼"、"龙叫"或"龙猛",与龙树的梵语不合,应该是龙树以外另一位大德比丘。藏译本的《大云经》说:梨车童子,名一切世间乐见。在佛灭后四百年出家,名龙叫(Nāgāhvaya)比丘,盛大弘通我(佛)的教法;也说到得初(欢喜)地②。月称(Candrakīrti)造的《入中论》(释),也引《大云经》一切有情乐见童子,以龙名比丘,广大佛的教法③。月称的引文,也以为就是龙树的。多拉那他《印度佛教史》说:南方阿阇黎龙叫,真实名字是如来贤(Tathāgata-bhadra),与提婆同时,为"唯识中道义"的唱道者④。在佛法中,如来藏与唯识(唯心)论,确是一脉相通的。这位持法比丘——一切世间乐见,可能就是龙叫,而被集入《楞伽经》中。"龙",传说中与龙树相混杂,于是龙

---

① 寺本婉雅《新龙树传之研究》所引(三三)。
② 寺本婉雅《新龙树传之研究》所引(六四)。
③ 《入中论》(法尊译汉藏教理院刊本卷二·二)。
④ 多拉那他《印度佛教史》(一三九)。

树与一切世间乐见比丘也被纠缠在一起了。总之,经典所说,虽表现为佛的预记(预言),而印度南方的一切世间乐见比丘与如来藏说的发展,应该有多少事实成分的。

初期如来藏说的倡导者,是律身谨严的,如《大方等无想经》卷五(大正一二·一〇九九下————一一〇〇上)说:

> "未来持法弟子如迦叶者,成就大慈,具足净戒。"

一切世间乐见比丘,是大迦叶那样的比丘。《大法鼓经》是佛为迦叶说的;《大般涅槃经》,佛为迦叶菩萨说,这都暗示了这一法门持法者的风格。《大云经》与《大般涅槃经》一再说到:正法将灭时,非法比丘的恶行非常严重。持法比丘是戒律的谨严者、倡导者,与非法比丘们形成严重的对立。《大般涅槃经》要国王以武器来守护持戒比丘①。《大云经》说:恶比丘们"寻共害是持法比丘"②。《央掘魔罗经》也说:"我于尔时,当作比丘,弃舍身命而为作护。"③为了护法,要不顾惜自己的身命。《胜鬘经》中有三大愿,也说到舍身命财,"护持正法,于所生身不惜躯命"④。如来藏法门所显出的,就是"扶律谈常",反映了那个时代的佛教情况。佛法说:不杀生得长寿报。如来藏学派,可能由于"佛寿无量","常住不变","一切众生一众生"的信仰,净持不杀生戒而彻底禁止肉食。肉食,声闻学派是没有禁绝的;大乘的《般若》、《华严》、《大集经》等,也没有说到。但《大乘入楞伽

---

① 《大般涅槃经》卷三(大正一二·三八四上——中)。
② 《大方等无想经》卷五(大正一二·一一〇〇下)。
③ 《央掘魔罗经》卷四(大正二·五四二中)。
④ 《大宝积经》卷一一九《胜鬘夫人会》(大正一一·六七三下)。

经》卷六（大正一六·六二四下）说：

> "象胁与大云，涅槃央掘摩，及此楞伽经，我皆制
> 断肉。"

"象胁"，是《象腋经》。"央掘摩"，是《央掘魔罗经》。魏译《楞伽经》作"胜鬘"，应该是"指鬘"（央掘摩罗的意译）的误写。这几部如来真实常住不变的经典，及唐代出现于中国的《佛顶首楞严经》，都严格地禁止肉食。这是印度如来藏学派的特色（婆罗门教徒也有严持不肉食的），深深地影响了中国佛教。

第二节 如来与如来藏

初期的如来藏法门，是从如来而论到如来藏的。如来、般涅槃、解脱、法身、无上菩提，是有关佛果的一系列名词。这部分圣典的共通性，是如来的涅槃解脱与二乘不同，惟有如来才是究竟大般涅槃。在声闻学派中，如经部以为：涅槃是无体的，只是"灾横毕竟非有，……永违烦恼后有所依身故，名得涅槃"①。说一切有部以为：涅槃是无为实法，"自性实有离言，唯诸圣者各别内证，……是善是常，别有实物"②。三乘圣者的涅槃，是没有差别的。虽说涅槃是善是常，但入涅槃的如来（及阿罗汉），没有身与智，被称为"灰身泯智"，不再有利益众生的活动。这样的涅槃，一般人是不大容易信受的。即使说涅槃是常的，但被称

---

① 《阿毗达磨俱舍论》卷六（大正二九·三四中——下）。
② 《阿毗达磨俱舍论》卷六（大正二九·三四上）。

为"如来"的佛,依《阿含经》说:佛入涅槃,遗体被火化了,如来色身是无常灭尽而不再存在的。大众部等说:"如来色身实无边际,……诸佛寿量亦无边际。"①如来的真身,与说一切有部等不同。如来藏说,就是远承大众部说,通过《华严》等大乘经而来的。用无数的比喻,说明如来的涅槃不是没有了,所以说:"如来常住,非变易法。"被解说为灭尽的(《阿含》等)经文,一一解说为实体不灭。因为不是无常灭尽,所以说"常住非变易法"。不是没有了,所以说是"有",是"不空"。多方面表示如来实德的,经中或说四,或说八,如说②:

1. "舍利弗! 如来法身常,以不异法故,以不尽法故。舍利弗! 如来法身恒,以常可归依故,以未来际平等故。舍利弗! 如来法身清凉,以不二法故,以无分别法故。舍利弗! 如来法身不变,以非灭法故,以非作法故。"

2. "我者,即是佛义。常者,是法身义。乐者,是涅槃义。净者,是法义。"

3. "如来法身,是常波罗蜜,乐波罗蜜,我波罗蜜,净波罗蜜。"

4. "如来常及恒,第一、不变易,清净、极寂静,(正觉妙法身,甚深如来藏),毕竟、无衰老,是则摩诃衍,具足八

---

① 《异部宗轮论》(大正四九·一五中——下)。
② 1.《不增不减经》(大正一六·四六七上——中)。2.《大般涅槃经》卷二(大正一二·三七七中)。3.《大宝积经》卷一一九《胜鬘夫人会》(大正一一·六七七中)。4.《央掘魔罗经》卷三(大正二·五三二上——中)。5.《大般涅槃经》卷三(大正一二·三八五上)。

圣道。"

5.　"大般涅槃亦复如是,八味具足。云何为八? 一者常,二者恒,三者安,四者清凉,五者不老,六者不死,七者无垢,八者快乐。"

法身四德:常、乐、我、净,是一般所常用的,也是可以总摄一切的。如恒、不变易、无衰老、不老、不死,可用"常"来总摄。安、快乐、清凉、极寂静,可用"乐"来总摄。无垢就是"净"。第一与毕竟,可通于四德。乐与净,是一般所能信受的;有异议而需要辨明的,是常与我,也就是问题的重点所在。

说到常住,或常、恒、不变易,到底是什么意义? 众生是无常的,生死流转的,不可能永久的。如经修行到断尽一切烦恼,入究竟涅槃,涅槃是再没有生死变异了。这样的涅槃常住,是共声闻而容易理解的。但大乘要约如来说,般涅槃的如来说。什么是常? 常是超越时间,没有时间可说的。尽未来际的利益众生,虽出现于时间流中,却没有变易,这叫做恒,如《不增不减经》说:"未来际平等恒及有法。"①如来是常、是恒,所以说寿命无量。在初期大乘经中,受到历史事实的影响,所以释尊虽被解说为方便示现的,而一般大乘经还是以释迦佛为说法的法主。《华严经》也还这样说:"在摩竭提国寂灭道场,始成正觉";毗卢遮那佛是释迦佛的别名②。释迦佛的诞生、成佛到入涅槃,是方便示现,不是真实的,但总得有个成佛的开始。释迦的法身(真

----

① 《不增不减经》(大正一六·四六七中)。
② 《大方广佛华严经》卷一(大正九·三九五上),又卷四(大正九·四一九上)。

身），到底什么时候初成佛道呢？《首楞严三昧经》说："我寿七百阿僧祇劫。"①《法华经》说："我实成佛已来，无量无边百千万亿那由他劫。"②《大般涅槃经》卷四（大正一二·三八八中、三八九中）说：

> "我已久住是大涅槃，种种示现神通变化，……如《首楞严经》中广说。"

> "众生皆谓我始成佛，然我已于无量劫中所作已办。"

《涅槃经》的久已成佛、久已住大涅槃，与《法华经》所说的一样，说明了释迦如来的久证常身，寿命无量。但所说的久已成佛、寿命无量，也有解说为未来还是有数量的；在成佛以前，也有不是常住的意味。无常法，不可能成为常住的；常恒是始终没有变异的，所以为了贯彻如来是常、是恒，非达到一切众生本来是佛不可。从来就是常恒不变易的，这不只是释迦佛，而是一切佛、一切众生。

常住不变的如来，不唯是理性的，唯是智慧的，在如来藏法门中，久住大涅槃的如来是有色相的，这是与二乘涅槃大大不同的，如经说③：

1."涅槃者，名为解脱。……言非色者，即是声闻、缘

---

① 《首楞严三昧经》卷下（大正一五·六四五上）。

② 《妙法莲华经》卷五（大正九·四二中）。

③ 1.《大般涅槃经》卷五（大正一二·三九一下——三九二上）。2.《大法鼓经》卷上（大正九·二九二下）。3.《央掘魔罗经》卷二（大正二·五二七下、五三〇下）。4.《央掘魔罗经》卷三（大正二·五三一下）。

觉解脱;言是色者,即是诸佛如来解脱。"

2."常解脱非名,妙色湛然住,非声闻、缘觉、菩萨之境界。"

3."虚空色是佛,非色是二乘;解脱色是佛,非色是二乘。""第一义净身,妙法身真实。"

4."一切诸如来,解脱有妙色。"

如来在大般涅槃的真解脱中,是有色的,所以《胜鬘经》说:"如来妙色身,世间无与等。……如来色无尽,智慧亦复然。"①《法华经》也说:"微妙净法身,具相三十二。"②这是从大众部"如来色身无有边际"发展而来的。

如来藏法门是"法身有色"说。从如来常恒不变,论到众生因位,就是众生身有如来藏。如来涅槃(或法身)是有色的,如来藏当然也有色相,如经说③:

1."一切众生贪欲恚痴诸烦恼中,有如来智、如来眼、如来身,结加趺坐,俨然不动。"

2."如来性是无作,于一切众生中,无量相好清净庄严。""佛性于一切众生所,无量相好清净庄严。"

3."一切众生悉有佛性,无量相好,庄严照明。"

4."如来藏自性清净,转三十二相,入于一切众生

①　《大宝积经》卷一一九《胜鬘夫人会》(大正一一·六七三上)。
②　《妙法莲华经》卷四(大正九·三五中)。
③　1.《大方等如来藏经》(大正一六·四五七中——下)。2.《央掘魔罗经》卷二(大正二·五二五中、五二六中)。3.《大法鼓经》卷下(大正九·二九七中)。4.《楞伽阿跋多罗宝经》卷二(大正一六·四八九上)。

身中。"

如来（涅槃）与如来藏，是有色的，有无量相好庄严，这是初期如来藏说的特色！

佛所说法，除常住不变的如来与如来性（佛性），都是方便说。如来藏法门，贯彻了这一理念。如《法华经》说"唯有一乘法"；二乘的涅槃，"是灭非真灭"。这是从"三乘兼畅"（承认二乘的涅槃是真实）而进入"会归一乘"的阶段。如来藏法门，充分发展了这一倾向。佛所说的法，如"归依三宝"，三宝中有二乘圣者；"知四谛"，一般以为前三谛是有为，四谛是为声闻说的；"三乘"，有二乘与二乘的涅槃。现在说：这都是方便说，真实是"一归依"——归依佛；"一谛"——灭谛；"一乘"——大乘；"一究竟涅槃"——如来涅槃。有论典风味的《胜鬘经》，说得最简练而明白，如说①：

1."归依第一义者，是归依如来。此（法与僧）二归依第一义，是究竟归依如来。……如来即三归依。"

2."圣谛者，非声闻、缘觉谛。……非虚妄者，是谛、是常、是依，是故灭谛是第一义。不思议是灭谛，过一切众生心识所缘，亦非一切阿罗汉、辟支佛智慧境界。"

3."声闻、缘觉乘，皆入大乘，大乘者即是佛乘，是故三乘即是一乘。""二乘者入于一乘，一乘者即第一义乘。"

---

① 《胜鬘师子吼一乘大方便方广经》：1. 大正一二·二二一上。2. 大正一二·二二一中——二二二上。3. 大正一二·二二〇下——二二一上。4. 大正一二·二一九下。

4.“唯有如来应等正觉得般涅槃。”

《央掘魔罗经》也说：“一乘、一归依，佛第一义依。”①《大般泥洹经》也说：“唯一归依佛，当知非有三。终归平等道，佛法僧一味。”四真谛中“灭谛者，是如来性”②。“声闻、缘觉及诸菩萨，皆当悉归如来泥洹，犹如百川归于大海常住之法。”③无边佛法，会归于一———一依、一谛、一乘、一涅槃。归依一，就是如来，是常是遍，无量相好，尽未来际的示现一切，利益众生。这不只是果德的仰信而已，是可以体验的。如来，不仅是如来，也是如来性（佛性、如来藏），“一切众生悉有佛性”，也是要从自己去体证实现，如《大般涅槃经》卷八（大正一二·四一〇中）说：

> “如来秘藏有佛性故，其有宣说是经典者，皆言身中尽有佛性。如是之人，则不远求三归依处。何以故？于未来世，我身即当成就三宝。”

“一切众生有如来藏”（性），在理论上，指出众生本有的清净因，人人可以成佛的可能性。在修行上，不用向外驰求，依于自身的三宝性———如来性，精进修行来求其实现。这一“为人生善”的切要方法，在宗教的实践精神上，有着高度的价值！有头陀风格，传如来禅（tathāgata-garbha-dhyāna）的达摩门下，在中国佛教界放出无比的光辉，正是继承这一方针。

---

① 《央掘魔罗经》卷二（大正二·五三〇上）。
② 《大般泥洹经》卷五（大正一二·八八四下、八八三上）。
③ 《大般泥洹经》卷六（大正一二·八九五中）。

第三节　如来藏我

般涅槃（parinirvāṇa）四德中，我（ātman）最为特出，这是传统佛教所难以信受的。从释尊说法以来，佛法一贯地宣说无我（nir-ātman）；"诸法无我"，是"三法印"的一印，是以无我来印定为是佛法的（与外道说不同）。部派佛教中，犊子部等立"我"，被称为附佛法外道。然犊子部与说转部成立"我"论的目的，是为了成立生死流转，从系缚到解脱的联系，而不是以"我"为真理，为证悟的内容。所以初期大乘的《宝积经》，虽说"圣性"是常、是乐、是净，还是说无我，如《大宝积经》卷一一二《普明菩萨会》（大正一一·六三五下）说：

> "是性常住，诸法常如故。是性安乐，涅槃为第一故。是性清净，离一切相故。是性无我，求我不可得故。"

到了如来藏说兴起，揭示如来藏我的法幢，在佛教、大乘佛教界，可说是划时代的变化，意义太不平常了！如约因圆果满的如来，说如来涅槃界有"我"德，还可以说我是"自在"义，以佛果的"八自在"来解说。但如来藏说的弘传者，从如来的常、乐、我、净，说到一切众生有如来藏我。从如来而说到我，如来性就是我，这不能不回忆到释尊的时代，世俗所说的"如来"，有与神"我"的同样意义。如来与我，神教所说的梵与我，不是非常类似吗？佛法渐渐地进入"佛梵同化"的时代。

从如来而说到如来藏，有一系列的相关名词。如来藏从譬喻而来,有印度神教的神学渊源。如来界——如来性的意义相同,但有佛教的学理意味。依梵文的《宝性论》,知道"佛性"是佛藏(buddha-garbha)或佛界(buddha-dhātu)的汉译。佛藏与如来藏,佛界与如来界,内容完全一样。《大般涅槃经》卷七(大正一二·四〇七上、中)说:

> "佛法有我,即是佛性。"

> "我者,即是如来藏义。一切众生悉有佛性,即是我义。"

如来藏、佛性,与我是同一的。在世俗语言中,我与众生是同义词,所以众生界也与如来藏的意义相同。《不增不减经》,就是依众生界而立论的,如经(大正一六·四六七中)说:

> "不离众生界有(如来)法身,不离法身有众生界;众生界即法身,法身即众生界。舍利弗! 此二法者,义一名异。"

与众生界同义的法身,依经上说:法身随生死流,名为众生;修菩提行,名为菩萨;离一切烦恼苦迫而得自在,名为如来。"此三种法,皆真实、如、不异、不差"①,也就是从众生界——我的立场,说众生、菩萨、如来法身的无二无别。《大法鼓经》也说:"若勤方便,除烦恼垢,尔乃得我。""常住安乐,则必有我。""彼众生界,无边净明。"②《央掘魔罗经》说:"一切众生皆有如

---

① 《不增不减经》(大正一六·四六七下)。
② 《大法鼓经》卷下(大正九·二九七上、二九六下、二九七中)。

来藏我。……断一切烦恼，故见我界。"①可见我与我界，众生与众生界，都就是如来藏、如来界（性）、佛藏、佛性的异名。这是如来藏法门的根本论题，是生死与涅槃的主体；是迷成生死、悟成如来的迷悟所依；是证见的内容。这样的如来藏我说，在佛法中，的确是初期大乘所不曾见过的。

如来藏，约如来（性）在众生身中说。众生身中有如来藏，主要是说明本有如来德性，所以众生有成佛的可能。《华严经》"众生具有如来智慧德相"，也是这个意思。但众生身中的如来藏，明确地说是我的别名。印度神学中的我，与梵同体，而成为生死中的主体。在如来藏法门中，我与如来不二，依我而可以成佛，也就是众生的主体。《不增不减经》（大正一六·四六六中）说：

> "不如实知一法界故，不如实见一法界故，起邪见心，谓众生界增，众生界减。"

"一法界"，下文又作"一界"。在如来藏法门中，"界"是普遍使用的术语，如众生界、我界、如来界、佛界、法界。界是界藏（矿）、界性，如金矿中有金性，银矿中有银性，表示本来如此，只是隐藏而没有显现出来。等到经冶炼而显发出来，也还是那样的界性。界是"不失自性"的，《阿含经》说"法界常住"，"善达法界"；在如来藏说中，界就是如来藏我的别名。《华严经》常说"诸法界"，法界与法界，平等不二，所以是"一法界"、"一界"。

---

① 《央掘魔罗经》卷四（大正二·五三九下——五四○上）。

众生的界性,如来的界性,平等平等。所以众生入涅槃,从众生而成为如来,不是灭去众生,众生就是如来:众生界是不增不减的。如来藏是"俗妄真实"说,所以这不是染净一如,而是众生性与如来性、界性的无二无别。经上说:"彼众生界,无边净明。"①不过约众生性说,名众生界;约众生位中的如来性说,名如来界。只此"无边净明"的"一(法)界",随染还净,而有众生、菩萨、如来等名称。如《不增不减经》(大正一六·四六七上——中)说:

> "众生界者,即是如来藏;如来藏者,即是法身。……此法身,过于恒沙无边烦恼所缠,从无始世来,随顺世间,波浪漂流,往来生死,名为众生。"

> "此法身,厌离世间生死苦恼,……修菩提行,名为菩萨。"

> "此法身,离一切世间烦恼使缠,过一切苦……离一切障,离一切碍,于一切法中得自在力,名为如来。"

众生界"无边净明",由于无量烦恼所缠缚,成为生死流转的众生。众生的界性,就是如来藏我。众生,菩萨,如来,界性是没有不同的。如来法身流转而成为众生,是如来藏法门的通义,《不增不减经》以外,还有其他的经说,如说②:

<hr />

① 《大法鼓经》卷下(大正九·二九七中)。
② 1.《大般涅槃经》卷七(大正一二·四〇八中)。2.《楞伽阿跋多罗宝经》卷四(大正一六·五一〇中)。3.《大宝积经》卷一一九《胜鬘夫人会》(大正一一·六七七下)。4.《清净毗尼方广经》(大正二四·一〇八〇下);"自体",异译《寂调音所问经》作"我"(大正二四·一〇八六中)。

1."雪山有一味药。……如是一味,随其流处,有种种异;是药真味,停留在山,犹如满月。……一味者,喻如佛性。以烦恼故,出种种味,所谓地狱、畜生、饿鬼、天、人。"

2."如来之藏,是善不善因,能遍兴造一切趣生,譬如伎儿,变现诸趣。"

3."生死者,依如来藏。……有如来藏故得有生死,是名善说。"

4."彼自体变百千亿种形色别异,谓地狱色、畜生色、饿鬼色、天色、人色、声闻色、缘觉色、菩萨色、佛色。"

如来藏我,是众生身中有如来那样的"十力、三十二相、八十种好"的①。不过在烦恼缠缚中,"无边净明"还不能显发,所以成为流转中的众生,生死是以如来藏我为依止的。这一被称为"不思议我"、"大我"、"真我"的法门,对于传统及初期大乘的佛教界,无疑会引起震惊,引起怀疑。怀疑的是:印度自有佛教以来,一贯地宣说"无我",而现在却说非有我不可。"我"是印度神教固有的,现在佛法也说有我,与印度的神学有什么差别? 对于这些疑问,《大般涅槃经》尽量地用比喻来解说。现在说我,与过去说无我的关系,《大般涅槃经》卷二,举了旧医与新医,治病用乳的比喻(大正一二·三七八下——三七九上)说:

"我为医王,欲伏外道,……是故如来于佛法中,唱说无我。为调(伏)众生故,为知时故,说是无我。有因缘故,

---

① 《大般涅槃经》卷九(大正一二·四一九上)。

亦说有我，……非如凡夫所计吾我。……是故说言诸法无我，实非无我。何者是我？若法是实、是真、是常、是主、是依，性不变易者，是名为我。"

经文的意思是：为了破斥凡夫外道的我，所以说无我。凡夫外道的我，"如虫食木，偶成字耳"，其实并不理解，只是妄执。为了破凡夫外道而说无我，其实不是没有我。什么是我？经上举出了是常、是主等定义，以为这才是真我。经上又举了苦毒涂乳的比喻：小儿有病，不适宜服乳，所以在母乳上涂了苦味，说乳是毒的，吃不得。等到小儿病好了，又让他服乳。这比喻所比喻的，如《大般泥洹经》卷五（大正一二·八八三下）说：

"如来诱进化众生故，初为众生说一切法修无我行。修无我时，灭除我见；灭我见已，入于泥洹。除世俗我，故说非我方便密教，然后为说如来之性，是名离世真实之我。"

先禁乳，后服乳；先说无我，今说有我。上来两则的用意，是一样的。过去为什么不说真我？只为了根机的不适合。一向没有听说过，所以如来藏法门，被称为"方等秘密之藏"，表示了过去没有公开宣说的事实。如来藏我与印度外道所说的我，到底有没有关系？《大般涅槃经》是认为有关的。如经说①：

"所有种种异论，咒术，言语文字，皆是佛说，非外道说。"

这一见解,是如来藏说者的信念,也可说是大乘共通的见解。印度文化中的善法,连咒术、文字学在内,都是佛说的。这当然是过去佛说过的,不过流传人间久了,有些不免被误解了,这才演变为印度种种的宗教神学。如印度教说有我,现在佛法也说我;外道说是从佛法中来的,佛法说有我,当然会与神教相同。不过外道虽说有我,在理解上不免错误了。外道说我,是多种多样的,如经说①:

> "凡夫愚人所计我者,或言大如拇指,或如芥子,或如微尘。"

> "凡夫愚人说言:一切有我。……我相大如拇指,或言如米,或如稗子。有言:我相住在心中,炽然如日。"

如来藏我,"具三十二相,八十种好,结加趺坐",当然与外道所说的不同。《涅槃经》又举刀的比喻:有人只听说刀,虽说刀而不知刀的真相;有的见了刀,才说有刀。听说有刀,虽不知刀的真相,到底是从真刀来的,不过没有亲见而只凭传说罢了!这是说,外道说我与佛法说我,是同一来源,只是外道凭传说,误解而没有真知②。依据这一比喻,可见印度神我所说的我从佛法中来,而不是佛法所说的我从外道中来。这真是非常巧妙的解说!好在古佛所说,是不能从历史去证明的。印度神教所说的我,并不只是"大如拇指","小如微尘"……《奥义书》说我是

---

① 《大般涅槃经》卷二(大正一二·三七八下),又卷八(大正一二·四一二下)。《央掘魔罗经》卷二所说更详(大正二·五二五中)。
② 《大般涅槃经》卷八(大正一二·四一二中——下)。

常、是乐、是知,也说周遍清净,与"是实、是真、是常、是主、是依"的如来藏我,确是非常相近;特别是如来与如来藏我,梵与我的关系。佛经说:外道所说的我,是从佛法中来的,事关过去佛所说,只可以信仰,而不能从历史去证明。反之,在现实世界中,印度神教先说有我,释尊否定他们,建立无我的宗教;到西元二、三世纪,佛教才宣说如来藏我,却是历史的事实。所以《大般涅槃经》的比喻与解说,只能说是信仰而已。《楞伽经》说:"开引计我诸外道故,说如来藏。"①佛教为了适应印度神教文化,为了诱化主张有我的外道们,使他们渐入佛法,所以方便地宣说如来藏我,这也许更符合佛教方便适应的事实!

第四节　如来藏不空

对初期大乘的一切法空说采取批评态度,是如来藏法门的特色,如《大法鼓经》卷下(大正九・二九五上、二九六中)说:

> "诸不了义空相应经。"

> "迦叶白佛言:世尊! 诸摩诃衍经多说空义。佛告迦叶:一切空经是有余说。"

"空相应经"与"一切空经",是通于初期大乘的,可以《大般若经》为代表。"不了义","有余说",就是指"一切法空"说为不彻底的,还需要再作解说。以"一切法空"为不了义,而要成

————————

① 《楞伽阿跋多罗宝经》卷二(大正一六・四八九中)。

立某些是不空的,为后期大乘的特征。这一见解,《央掘魔罗经》等都是一致的。《央掘魔罗经》中,文殊师利说大空:"诸佛如虚空,虚空无有相。……解脱则如来,空寂无所有。"央掘魔罗呵责为:"呜呼蚊蚋行,不知真空义!"然后提出了"有异法是空,有异法不空"的见地,并且说:"谓说唯极空,……倾覆佛正法。"①这是针对一切法空是了义说,所作毫不容情的批评。《大般涅槃经》也说:"我已修学一切诸法本性空寂。"复告诸比丘:"莫谓如来唯修诸法本性空寂。"②在诸法空寂以上,更有所修的,那当然是不空了。如《大般泥洹经》卷三(大正一二·八七五上)说:

> "又其空者,如酥蜜瓶,无酥蜜故,名为空瓶。其实不空,因无物故,形色犹存,当知非空。解脱不空,亦复如是,有形有色,故说不空。……灭诸过患,故名为空。"

这就是"有异法是空,有异法不空"的见解。昙无谶译作"不空空","空不空"③本义反而晦昧了!《不增不减经》以"涅槃毕竟空寂",为"无涅槃见"④。《胜鬘经》也说:"如来藏者,堕身见众生,颠倒众生,空乱意众生,非其境界。"⑤"空乱意众生"、依《宝性论》的解说,是大乘人⑥。总之,《般若经》等说一切法

---

① 《央掘魔罗经》卷二(大正二·五二七中——五二八上)。
② 《大般涅槃经》卷三(大正一二·三七九上)。
③ 《大般涅槃经》卷五(大正一二·三九五中)。
④ 《不增不减经》(大正一六·四六六下)。
⑤ 《胜鬘师子吼一乘大方便方广经》(大正一二·二二二中)。
⑥ 《究竟一乘宝性论》卷四(大正三一·八四〇上)。

空,如来、无上菩提、涅槃也是毕竟空寂的,在如来藏学者看来是不对的,是"有余说"、"不了义说"。

"有异法是空,有异法不空",意思是:有些是空的,另外一些是不空的,这就是佛教中的"有宗"。这种思想,在部派佛教中,有二大系。如说一切有部说:有为、无为法是实有的,我与我所是没有的。经上说"诸行空",是说诸行——五蕴没有我(与我所),而有为法是不空的。这一思想体系,在大乘中,就是瑜伽师所说:依他起性是有为,圆成实性是无为,这是有的;遍计所执性的我、法执,是没有的。一切法空,是说依他起(及圆成实)性上,没有遍计所执性,依他与圆成是不可空的:这是"情(执)空法有"说。说出世部以为:"世间法从颠倒生业,业生果,故是不实。出世法不从颠倒生,故是真实。"①世间法虚妄,出世法真实,被称为"俗妄真实"说。虚妄的是空,真实的不空,在大乘思想界,就与如来藏说相合。如《大法鼓经》②说:

> "除如是等方广大经,不说余经,唯说如来常住及有如来藏而不舍空,亦非身见空,空彼一切有为自性。"

> "一切佛经皆说无我,而彼不知空无我义,彼无慧人趣向灭尽。然空无我说亦是佛语,所以者何? 无量尘垢诸烦恼藏常空涅槃。如是涅槃是一切句,彼常住安乐,是佛所得大般涅槃。"

空与不空,如来藏法门,不出于这一原则。第一则经文说:

---

① 《三论玄义》(大正四五·八下)。
② 《大法鼓经》卷上(大正九·二九一中),又卷下(大正九·二九六中)。

佛说如来常住，有如来藏，但也说到空。空的含义，是一切有为法无自性，不是说一切有部那样，只以无我（身见）为空。有为自性空，如来（无为）不空，《大般涅槃经》正是这样说的。如文殊劝纯陀说："汝今当观诸行性相，如是观行具空三昧。"这是有为空。纯陀以为：如来是不属于有为的，所以说："勿观如来同于诸行！""如来真实是无为法，不应复言是有为也。"①但大乘经中，说一切法皆空，如来与涅槃也是空的，这又是什么意义呢？第二则经文以为：涅槃常空，那是说诸烦恼藏空，如《大般涅槃经》卷五（大正一二・三九五中）说：

> "空者，谓无二十五有，及诸烦恼，一切苦，一切相，一切有为行，如瓶无酪，则名为空。不空者，谓真实善色，常乐我净，不动不变，犹如彼瓶色香味触，故名不空。"

瓶，譬如大般涅槃。瓶中有酪，那是为无量烦恼生死所藏了。涅槃空，是说涅槃出离一切烦恼、诸行；离诸行的大般涅槃，是不空的。这一基本见解，就是《胜鬘经》所说的空如来藏与不空如来藏②，也就是《不增不减经》所说的："一者，如来藏本际相应体及清净法；二者，如来藏本际不相应体及烦恼缠不清净法。"③《央掘魔罗经》卷二（大正二・五二七中——下）说：

> "有异法是空，有异法不空。……云何于空相，而言真解脱！……如来真解脱，不空亦如是。出离一切过，故说解

---

① 《大般涅槃经》卷二（大正一二・三七三下、三七四中）。
② 《胜鬘师子吼一乘大方便方广经》（大正一二・二二一下）。
③ 《不增不减经》（大正一六・四六七中）。

脱空,如来实不空。离一切烦恼,及诸天人阴,是故说
名空。"

俗空真实,有为行空而无为——如来涅槃不空,是如来藏说
的决定说。

后期大乘佛教,是以一切法空为不了义,而说"有异法是
空,有异法不空"的。依《般若经》本义,"空、无相、无愿",与
"无生、清净、寂灭"等,同样是甚深涅槃的增语①;空与无的意
义,是不相同的。《般若》说一切法如幻如化,涅槃也如幻如
化②。在空义的发展中,本性空(prakṛti-śūnyatā)、自性空(svab-
hāva-śūnyatā)特别发展,空是本性如此,没有自性,不是说没有
一切法。所以,如幻如化的有(包含了菩萨大行与如来果德),
当下就是毕竟空寂,即有即空,空有无碍。但在初期大乘的发展
中,一般着重于离情执的观照(空观、空慧),空与无生寂灭的同
异问题,早已被提出来,空与寂(无生涅槃)是一致的吗?《须真
天子经》说:"空寂适等,亦复无异。"③《陀罗尼自在王菩萨品》
却以空、无相、无愿为浅,更说佛菩提道④。实在地说,一切法如
幻,一切法空的法门,不适于一般根性,一般初学是不能正确理
解的。如《摩诃般若波罗蜜经》卷二六(大正八·四一六上)说
法终了时说:

----

① 　拙作《初期大乘佛教之起源与开展》(七一七——七一八,本版六一二——
六一四)。

② 　《摩诃般若波罗蜜经》卷八(大正八·二七六上——中)。

③ 　《须真天子经》卷四(大正一五·一一一上)。

④ 　《大方等大集经》卷三(大正一三·二一下)。

"若新发意菩萨,闻是一切法毕竟性空,乃至涅槃亦皆如化,心则惊怖。为是新发意菩萨故,分别生灭者如化,不生不灭者不如化。"

一切法如幻,一切法性空,是不适于初发心人的。《小品般若》没有说到,而《大品般若》终了时,就提出了:为新发意人说"生灭如化,不生不灭不如化",与俗空、真实不空的法门相合。《解深密经·无自性相品》也说:久行利根,听说一切法性空,就能现证。五事不具足的钝根听了一切法空,不是反对空相应,就是颠倒僻解,自误误人。这暗示空相应经流行,对于根机不适合的,引起了严重的副作用,所以不能不解释深密,成为显了明白、易信易解的法门①。解说为有些是空的,有些是不能不有(不空)的,对于初机钝根,就可以方便引入正道了。在大乘空教的发扬中,《大品般若经》(末了),《解深密经》,如来藏法门,表示了时代佛教的共同倾向。不过,依《般若经》意,为初学者不得不说"不生不灭不如化"(不空)。《解深密经》以为:为初学者,还需要作一下浅显的解释。但如来藏法门却呵责空教,宣说真实不空的究竟法门,与《般若》、《深密》经意,恰好相反!

---

① 《解深密经》卷二(大正一六·六九五中——六九六上)。

第六章　如来藏学之主流

第一节　传说中的如来藏法门

　　有神我色彩的如来藏说，是从理想的如来常住、遍在信仰而来的，通俗而能适合一般人心，所以迅速地传布开来。对于初期大乘佛教界，多少会有些惊异的感觉。但这是一般所容易接受的，而大乘佛教界又一向以为："所未闻经，闻便信受，如所说行；依止于法，不依言说（文字）。"①对从来没有听说过，新近传出的经典，不可轻率地加以诽毁，要本着正确的法义，给以合理的解说。初期大乘经，就是这样流传起来的，对于新出现的如来藏经典，当然也不能不接受了！西元三世纪起，如来藏经典次第流传出来。成立于三世纪的中观论典，还没有提到如来藏说，但提婆弟子罗睺罗跋陀罗传说已以常乐我净解释八不了②。四世纪中，推宗为未来佛——弥勒菩萨的教学，称为瑜伽派的，深受经部思想的影响，但面对流行的如来藏说，也不能不给以解说会

---

①　《大宝积经》卷一一二《普明菩萨会》（大正一一·六三二中）。
②　《中观论疏》卷三（大正四二·四〇下）。

通。从四世纪以来,大乘佛教界的论书或经典,都不能不对如来藏有所说明。在这些解说中,《究竟一乘宝性论》,在中国是被看作代表如来藏学的。《宝性论》比较接近初期的如来藏说,但受到瑜伽学派的影响,也可能从瑜伽派脱出而自成体系的,所以解说的方法近于瑜伽派,而初期的神我色彩也大为淡化了。从如来常住、遍在,引出众生本有如来藏或佛性,起初是真我论,又与真心论合流的。印度的大乘佛教界,也许觉得这过分与梵我论类似,所以论师们(及经典)都给以方便的会通。因为这样,西藏等传说,印度大乘佛法唯有瑜伽与中观二大流;其实,真我与真心系的如来藏说有独到的立场,在印度是真实存在的!

接近初期如来藏说的,如西藏所传的觉曩巴派,克主所著《密宗道次第论》说①:

> "《如来藏经》、《陀罗尼自在王请问经》、《大般涅槃经》、《利益指鬘经》、《胜鬘师子吼经》、《智光庄严经》、《无增减经》、《大法鼓经》、《入无分别陀罗尼经》、《解深密经》,觉曩巴说此十经为如来藏十经,为后法轮,为了义经。许彼诸经所说如来藏,与佛自性身,同是谛实有,常恒坚固,无为相好而自庄严。一切有情,从无始生死(以来),于烦恼网[缠]壳[縠](中),本来具足,以九喻、九义而为宣说。"

《利益指鬘经》,即汉译的《央掘魔罗经》。觉曩巴以为:如来藏与佛的自性身(svabhāvakāya),是同样的相好庄严。自性身

---

① 《密宗道次第(略)论》(《现代佛教学术丛刊》之《密宗思想论集》二四八)。

是转依(āśraya-parāvṛtti)所显的佛自体；众生本来如是，只是还在烦恼中，没有显出而已。这与初期的如来藏说是符合的。然觉囊巴派以《解深密经》为如来藏经类，显然是不妥当的！凡如来藏部类，都是说一乘的，与《解深密经》的"普为发展一切乘者"不同。这是拘蔽于《解深密经》的三时教说，以为第三时教才是了义的，这才比附于《解深密经》的后转法轮。如取《陀罗尼自在王经》的次第(三时)说法，也许会更合适些！

中国的禅宗，是菩提达磨(Bodhi-dharma)从南印度传来的。"初达宋境"，可能西元四五〇年前后，已到达中国了。这一系禅法，本来是"如来(藏)禅"。在流传中，化导的方便不一，或浅或深，但早就有所谓"密传"，"密作用"。如福州大安说："汝诸人各自有无价大宝，从眼门放光，照山河大地；耳门放光，领采一切善恶音响。六门昼夜常放光明，……汝自不识取。……如人负重担，从独木桥上过，亦不教失脚，且是什么物任持便得如是！汝若觅，毫发即不见。"①临济每说"无位真人"，只是真我的别名。传说达磨的弟子波罗提为王说法，即明说"性在作用"，如《景德传灯录》卷三(大正五一·二一八中)说：

"问曰：何者是佛？答曰：见性是佛。……王曰：性在何处？答曰：性在作用。王曰：是何作用？……波罗提即说偈曰：在胎为身，处世名人；在眼曰见，在耳曰闻，在鼻辨香，在口谈论，在手执捉，在足运奔。遍现俱该沙界，收摄在一微尘，识者知是佛性，不识唤作精魂。"

① 《景德传灯录》卷九(大正五一·二六七下)。

　　觉曩巴所传,禅宗的南方宗旨,对于初期的如来藏说,比论师及后出经典的解说,似乎要切近得多!

第二节　《宝性论》为主的如来藏论

　　论师们对如来藏说的条理、分别,都有淡化神我色彩的倾向。传说为坚慧所造的《究竟一乘宝性论》、《法界无差别论》及《无上依经》①,比较接近如来藏说的本义,代表了如来藏论学的主流。

　　一、《究竟一乘宝性论》:四卷(古代或作三卷、五卷),元魏勒那摩提译。依古代经录所传,或作勒那摩提译,或作菩提流支译,或作二人分别译出,如《开元释教录》说:"菩提留支传本,勒那、扇多参助,其后,……三处各翻,讫乃参校,其间隐没,互有不同,致有文旨时间异缀,后人合之,共成通部,见(梁)宝唱等录。"②古代有不同的两种译本,在流传中,仅存一部,传说为勒那摩提所译。这部论——《究竟一乘宝性论》,或简称《宝性论》,依《内典录》说:"一(名)宝性分别七(大?)乘增上论。"③这部论有藏文译本,也存有梵本。依中村瑞隆所作的《梵汉对照究竟一乘宝性论研究》、《藏和对译究竟一乘宝性论研究》说:梵本论名 Ratna-gotra-vibhāgo mahāyānôttara-tantra-śāstra,意译为

---

　　① 《佛性论》是《宝性论·如来界章》的解说,但内容更接近瑜伽学,所以留在下一章说。

　　② 《开元释教录》卷六(大正五五·五四〇中)。

　　③ 《大唐内典录》卷四(大正五五·二六九中)。

《宝性分别、大乘最上秘义论》，与《内典录》所传的《宝性分别大乘增上论》相合；西藏译本作《大乘最上秘论》，没有说到"宝性分别"①。依汉文译本，分"本论"与"释论"二部分："本论"是偈颂；"释论"有偈颂也有长行，"释论"中包含了"本论"颂。依中国所传，全论都是坚慧菩萨造的；依梵、藏本，论本偈是弥勒菩萨造的，释论是无著菩萨造的。真谛的《婆薮槃豆法师传》（大正五〇·一九一上）说：

> "阿僧伽（即无著）法师殂殁后，天亲方造大乘论，解释诸大乘经。……释《摄大乘》、《三宝性》、《甘露门》等诸大乘论。"

天亲，是世亲的异译，无著的亲弟。《宝性论》的"宝性"，是佛法僧的"三宝性"，所以传说天亲释《三宝性》论，就是释《宝性论》。这样，《宝性论》的释论，或说无著造，或说世亲造。到底是谁？是很难考定的！依《婆薮槃豆传》说：无著、世亲等兄弟三人，都名为婆薮槃豆——世亲，这也许就是传说不一的原因！不过《宝性论》的风格与内容，近于瑜伽系，而在如来藏的见解上，与瑜伽系有着根本不同处，所以传说为无著造，世亲造，似乎还不如传为坚慧造的好。至于弥勒造，到底不过表示这一法门的出于未来佛而已！

《宝性论》的组成要素，如《论》说："佛性、佛菩提，佛法及佛业，诸出世净人，所不能思议"；"身及彼所转，功德及成（就）义

---

① 中村瑞隆《梵汉对照究竟一乘宝性论研究·序说》（一——二）。

（利），示此四种法，唯如来境界"①。佛所依止的"性"（界
dhātu），经修行而证得的"菩提"，圆满一切"法"——"功德"，及
利益众生的事"业"，这四法是本论开示的主题。"释论"说：
"佛、法、僧宝、性、菩提、功德、业，略说此论体，七种金刚句。"②
那是分判全论为七大科了。汉译的《究竟一乘宝性论》分为十
一品，十一品与七金刚句、四法的关系，如下：

四法	七句	十一品
		1. 教化品
	1. 佛宝	2. 佛宝品
	2. 法宝	3. 法宝品
	3. 僧宝	4. 僧宝品
1. 佛性	4. 性	5. 一切众生有如来藏品
		6. 无量烦恼所缠品
		7. 为何义说品
2. 佛菩提	5. 菩提	8. 身转清净成菩提品
3. 佛法	6. 功德	9. 如来功德品
4. 佛业	7. 业	10. 自然不休息佛业品
		11. 校量信功德品

　　梵本与藏译本缺少《教化品》，全论分为五章：一、如来藏，
包括了第二到第七的六品；二、菩提；三、功德；四、佛业；五、信胜
益。《教化品》十八偈，说明造论的意义，呵责谤法与毁谤法师
的罪恶，意义与末后品相同。这十八偈是梵、藏本所没有的，极
可能是后人所增补。"七金刚句"中的佛宝、法宝、僧宝部分，赞
叹三宝的功德，以"故我今敬礼"作结。印度造论，多数是以赞

---

① 《究竟一乘宝性论》卷四（大正三一·八四六下、八四七上）。
② 《究竟一乘宝性论》卷一（大正三一·八二〇下）。

叹三宝、归敬三宝开始的，本论的赞礼三宝，也只是论前的归敬。所以梵本与藏本，分为五章，赞礼三宝是附属于初章以前的，没有独立的意义。我以为，这是"本论"的原意；由于"释论"重视"三宝性"，所以将全论科分为"七金刚句"；在"释论"中，引《陀罗尼自在王经》，以说明这七句次第的符合经说①。其实，经说得并不明白。如以菩萨修行的六十种法来比配佛性——如来藏，无论从"本论"颂，与本论有关的经论来看，都不免感到过分的勉强！"本论"颂，先赞礼三宝；次论述四法；末了说这一法门的功德，而劝人信修，具备了序、正、流通的一般形式。这部论，或作《大乘最上秘论》，或加"宝性分别"而成《大乘最上秘论（之）宝性分别》，可能表示了这一意义。《大乘最上秘论》，就是如来藏说，是"本论"的名字。由于别立"七金刚句"，重视"三宝性"，所以又加上"宝性分别"字样。在流传中，一般都依"释论"来解说"本论"，重视"宝性"，而在名称上，还有保持原名《大乘最上秘论》的。

　　二、《无上依经》，二卷，梁真谛译，是一部经典形式的论典。全经分七品：一、《校量功德品》，二、《如来界品》，三、《菩提品》，四、《如来功德品》，五、《如来事品》，六、《赞叹品》，七、《嘱累品》。从品的名称，就可以看出：从第二到第五——"如来界"，"菩提"，"如来功德"，"如来事"，与《宝性论》的主题——"佛性"，"佛菩提"，"佛功德"，"佛业"，是完全一致的。《校量功德品》第一，本为一部独立的经典，赞叹造如来舍利塔的不可

---

① 《究竟一乘宝性论》卷一（大正三一·八二一中——八二二中）。

思议功德,与唐玄奘所译的《甚希有经》等同本异译。如来的舍
利,佛教界称之为如来驮都(tathāgata-dhātu),就是"如来界",与
如来藏别名的"如来界",名字相同;也就这样,本为称叹如来舍
利界功德的经典,连类而称叹如来(藏)界的不可思议了!《无
上依经》的《如来界品》,与一般如来藏经典相同。《菩提品》十
事分别,与《宝性论》的"佛性"、"佛菩提"的主要内容大致相
同。约转依说明菩提自性,说"转依法有四种相";说如来无上
的不可思议①,都是出于《瑜伽师地论》、《显扬圣教论》的②。
《无上依经》没有说如来藏的九种譬喻,如来事业的九种譬喻,
也没有说到"三宝性"。在如来藏学中,这是重于义理分别的,
参考了《宝性论》、《瑜伽论》等,但不只是集录,而有独自组织的
一部(论)经。《胜天王般若经》(与玄奘《大般若经》第六分同
本),在次第与内容方面,一部分与《无上依经》相合,如5.《法
性品》,从品初到"行般若波罗蜜,如实通达甚深法性",与《无上
依经》的《如来界品》相合③。14.《二行品》,与《无上依经》的
《菩提品》十事的后六事——"五者作事,六者相摄,七者行处,
八者常住,九者不共,十者不可思惟",及《如来功德品》的大部
分相合④。15.《赞叹品》的偈颂,一部分与《无上依经》的《赞叹
品》相合。16.《付嘱品》,"受持此修多罗有十种法",与《无上依

---

① 《无上依经》卷上(大正一六·四七〇下——四七一上、四七三中——下)。
② 《瑜伽师地论》卷七四(大正三〇·七〇七上、七〇七上——中)。《显扬圣
教论》卷八(大正三一·五一七上、五一七上——下)。
③ 《胜天王般若波罗蜜经》卷三(大正八·七〇〇下——七〇二上)。
④ 《胜天王般若波罗蜜经》卷七(大正八·七二二中——七二三下)。

经》的《嘱累品》相合①。《胜天王般若经》也与《宝云经》的全部内容相合，可以断定：《胜天王般若经》是纂集《宝云经》、《无上依经》等而成的②；但不知为什么没有将《无上依经》义全部纂集进去！《无上依经》为《胜天王般若经》所集入，《佛性论》也引用了这部经，在如来藏学中，这应该是一部重要的（论）经。《无上依经》的成立，应该是参考了《宝性论》"释论"的。如来界等四品的组织，与《宝性论》一致，而内容却有些出入。如关于"如来功德"，《宝性论》依《宝女经》，说六十四种功德，而《无上依经》说百八十功德。《瑜伽论》说百四十功德，《显扬圣教论》说百九十六功德，《无上依经》的功德增多，有采用瑜伽学的倾向。关于"如来事业"，《宝性论》引用"如来庄严智慧光明入一切佛境界经"的九种譬喻，着重在佛体的不生不灭，而"自然不休息常教化众生事"。《无上依经》却别立十八事，就是依佛的百八十功德，所起不同的种种佛事。"如来界"与"菩提"二品，不妨说是彼此大体相同的。不过《宝性论》的如来藏，包含了本性清净的如来藏与烦恼所覆的九种譬喻，而在《无上依经》中，九种譬喻被删略了。《无上依经》的《如来界品》，虽然部分与《宝性论》相同，但没有分门解说，保持了契经的特性。"如来界"是众生位中，本有的有垢真如；"菩提"是佛位中，修显的离垢真如。众生本具的"如来界"，《宝性论》却以"信法及般若，三昧大悲等"为因，这四法能说是本有如来藏的因吗？《无上依经》解说为佛菩提的因，似乎更妥帖些！《宝性论》中，"如来界"立十门，

①　《胜天王般若波罗蜜经》卷七（大正八·七二五上）。
②　拙作《初期大乘佛教之起源与开展》（六一〇——六一二，本版五二二——五二五）。

"菩提"立八门;《无上依经》的《如来界品》不立门(包含了《宝性论》的部分意义),《菩提品》立十门。《经》与《论》的对比如下:

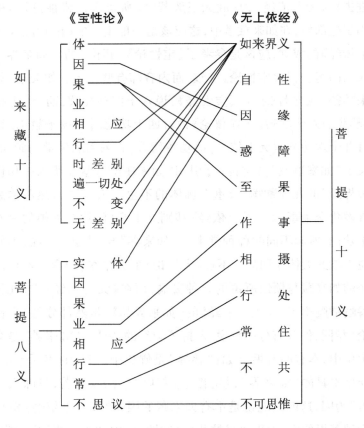

　　三、《大乘法界无差别论》,坚慧菩萨造,唐提云般若所译。这部论现有两种本子:一本,分为十二段,每段先偈颂,再以长行解释。另一本,偈颂总列在前为"论体",然后以长行解说。虽然二本的体裁不同,而内容一致,都作提云般若译。《法界无差

别论》的内容，是"菩提心略说有十二种义，……所谓果故，因
故，自性故，异名故，无差别故，分位故，无染故，常恒故，相应故，
不作义利故，作义利故"①，与传为坚慧所造的《宝性论》"本论"
非常接近②。大体地说，上面所说的二论一经，是属于同一类
的。《宝性论》与《无上依经》，说到了佛界、佛菩提、佛德、佛
业——四大主题，最为完备。《法界无差别论》的十二义，以菩
提心为主题，内容包含了《宝性论》的"如来藏章"，及"菩提章"
的"果"与自利。《无上依经》在《菩提品》中，分别十义，内容包
含了《宝性论》的"如来藏章"及"菩提章"的部分。由于各部的
着重点不同，所以也不能完全吻合了！

第三节　《宝性论》所依的经论

　　《宝性论》的"本论"，传说是弥勒造，"释论"是无著造，或
说世亲造，而中国所传，本释都是坚慧造的。北凉道泰所译的
《入大乘论》，也是坚意（坚慧的异译）造的，《论》中引："密藏经
中说：如来法身住于一切众生身中，光影外现，犹如净彩裹摩尼
珠，无所障蔽。"③也是如来藏说。在传说中，《宝性论》是弥勒、
无著或世亲造，表示了与瑜伽学派的关系，至少与《大乘庄严经
论》有关。《大乘庄严经论》的作者，传说为弥勒，或说无著，或
说本颂是弥勒造，世亲造释；与《宝性论》的作者，同样的传说纷

————————

①　《大乘法界无差别论》（大正三一·八九二上）。

②　中村瑞隆《梵汉对照究竟一乘宝性论研究·序说》（三六——四二）。

③　《入大乘论》卷下（大正三二·四九上）。

纭。从《宝性论》的内容来观察,《宝性论》与《庄严论》,有些偈颂是一致的,如:

> 《宝性论》:"如清净真空,得第一无我;诸佛得净体,是名得大身。"

> 《庄严论》:"清净空无我,佛说第一我;诸佛我净故,故佛名大我。"①

> 《宝性论》:"如空遍一切,而空无分别,自性无垢心,亦遍无分别。"

> 《庄严论》:"如空遍一切,佛亦一切遍,虚空遍诸色,诸佛遍众生。"②

又如《宝性论》说:"大乘信为(种)子,般若以为母,禅胎大悲乳,诸佛如实子。"《庄严论》约第一义发心说:"生胜由四义者,一、种子胜,信大乘法为种子故;二、生母胜,般若波罗蜜为生母故;三、胎藏胜,大禅定乐为胎藏故;四、乳母胜,大悲长养为乳母故。"③虽文句不同,意义是完全一致的。在文句的类似以外,还有论法的一致,如《宝性论》以十义分别如来界,前六义是:"一者、体,二者、因,三者、果,四者、业,五者、相应,六者、行。"又说:"体等六句义,略明法性体……,次第三时中,说三种

---

①　《究竟一乘宝性论》卷三(大正三一·八二九下)。《大乘庄严经论》卷三(大正三一·六〇三下)。

②　《究竟一乘宝性论》卷三(大正三一·八三二中)。《大乘庄严经论》卷三(大正三一·六〇三上)。

③　《究竟一乘宝性论》卷三(大正三一·八二九中)。《大乘庄严经论》卷二(大正三一·五九六中)。

名字。"①依《论》说："时差别"等后四义,是依前六义所明的法性,再作"时差别"等分别的。这六义分别,正是《大乘庄严经论》所用的论法,如②:

1."佛相有六种:一、体,二、因,三、果,四、业,五、相应,六、差别。"

2."归依差别有六种":自性,因,果,业,相应,品类。

3.神通分别:自性,修习(就是因),果,业,相应,差别。

4."诸佛法界清净"有六:法界性,法界因,法界果,法界业,法界相应,法界位。

《庄严论》的分别论法,与《宝性论》是大致相同的。所说的"法界清净"有六义,无著所造的《摄大乘论本》也说:"诸佛法身,……复与所余自性,因,果,业,相应,转功德相应。"③再从法义来说:《宝性论》立有垢真如(samalā-tathatā)、无垢真如(nirmalā-tathatā);转依(āśraya-parāvṛtti);三身——实体身(svabhāvika-kāya),受乐身(sāṃbhogika-kāya),化身(nairmāṇika-kāya);二障——烦恼、智(所知)障(kleśa-jñeya-āvaraṇa);二种(出世间)无分别智(dvividha-jñāna-lokôttara-avikalpa);无漏界(anāsravadhātu)等,都与瑜伽学相合。但瑜伽学特有的法义,如"五法",

---

① 《究竟一乘宝性论》卷三(大正三一·八二八中),又卷三(大正三一·八三二上)。

② 《大乘庄严经论》:1.卷一三(大正三一·六六一下)。2.卷一(大正三一·五九四上)。3.卷二(大正三一·五九九中——六〇〇上)。4.卷三(大正三一·六〇六上——中)。

③ 《摄大乘论本》卷下(大正三一·一五〇中)。

"三自性","三无性","八识","四智",《宝性论》都没有引用,
这是有点难以理解的,也许《宝性论》重于如来藏说,重于佛德
的说明,而瑜伽学的发展,着重于一切法相分别的缘故。然《宝
性论》的最大不同,是不用瑜伽学的种子说,所以也不立不般涅
槃种性。可以说:《宝性论》造于瑜伽学风开展的时代,受到了
瑜伽学的影响。但对如来藏的解说,不取北方大乘经部师说的
种子说,而保持了南方分别部以空(性)为佛性的立场①。总之,
这是与瑜伽学有关,而不是属于瑜伽派的。这样,关于《宝性
论》的作者,不可能是弥勒、无著。中国所传的《入大乘论》主坚
慧,曾引用弥勒的《庄严经》(论)②。据真谛说:坚慧出于龙树
与世亲之间。依《入大乘论》,坚慧引用了如来藏说及《庄严经
论》,与《宝性论》相近,所以《宝性论》的作者,极可能就是坚慧!

　　《宝性论》立四章:佛界、佛菩提、佛德、佛业,可见是以佛果
为主题的。佛菩提是佛的体性,从如来常住大般涅槃而来的如
来藏说,重在般涅槃,《宝性论》依"菩提"来说,与瑜伽学相
同③。菩提是佛的体性,佛德是佛的德相,佛业是佛的业用;所
以这是从佛的体、相、用,或实、德、业——三方面来阐明佛果。
这部分,是依大乘经如《华严》、《大集经》等而说的。众生所以
能成佛,由于"一切众生有如来藏"。如来藏与佛的关系,如《胜
鬘经》说:"如来成就过于恒沙具解脱智不思议法,说名法身。

---

①　《佛性论》卷一(大正三一・七八七下)。
②　《入大乘论》卷下(大正三二・四九中)。
③　如《大乘庄严经论》,依《瑜伽师地论》而立《菩提品》(大正三一・六〇二
上——六〇八中);《摄大乘论本》略说"果断分"而广明"果智分"(大正三一・一四
九上——一五二上)。

世尊！如是法身不离烦恼,名如来藏。"①《大法鼓经》说:"一切
众生悉有佛性,无量相好庄严照明。……诸烦恼藏覆如来性,性
不明净,若离一切烦恼云覆,如来之性净如满月。……若离一切
诸烦恼藏,彼如来性烦恼永尽,相好照明,施作佛事。"②如来藏
的种种譬喻,说明如来或法身,在烦恼中就是众生如来藏;众生
的如来藏,如离却烦恼,就名为如来或法身。从如来常住,说到
众生本来如此,说一切众生有佛性——佛界、佛藏,一切众生有
如来藏或如来界(如来性)。肯定地说:佛与众生的体性是无二
无别的,只是在缠与出缠而已。说明这一论题的,就是佛界。
《宝性论》四章,应这样地去了解:

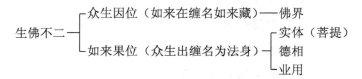

　　《宝性论》是依经而造的。"本论"所依据的,"佛界"的主
题,是依《如来藏经》的(九种譬喻在内)。此外,"佛界"十义中
的"因"义,见于《大乘庄严经论》;"果"义,出于《大般涅槃经》;
"业"义,出于《胜鬘经》;"无差别"义,出于《不增不减经》:这都
是明显而可见的。"佛德"的六十四种功德,依于《大集经》的
《宝女品》。"佛业"的九种譬喻,出于《如来庄严智慧光明入一
切佛境界经》。"佛菩提"立八义:实体,因,果,业,相应,行、常,
不思议。"释论"说:"行、常、不思议者,谓三种佛法身,无始世

①　《大宝积经》卷一一九《胜鬘夫人会》(大正一一・六七七上)。
②　《大法鼓经》卷下(大正九・二九七中)。

来作众生利益,常不休息,不可思议。"①行、常、不思议,同明佛的三身,所以与《大乘庄严经论·菩提品》以性、因、果、业、相应、位(三身)——六义,说明"诸佛法界(最)清净",是完全一致的②。"佛菩提"八义,与《庄严经论》相同;而《庄严经论》的"生胜由四义"(信、般若、禅定、大悲),及"一切无别故,……名为如来藏"偈③,都被编入"佛界":《宝性论》确定是参考了《庄严经论》的。"释论"的引经更广,可以考见的有:

《不增不减经》

《胜鬘经》

《如来藏经》

《大般涅槃经》

《大般若经》、《金刚般若经》

《华严经·如来出现品》

《佛华严入如来智德不思议境界经》

《如来庄严智慧光明入一切佛境界经》

《法华经》

《宝积经·普明菩萨会》

《六根聚经》

《阿毗达磨大乘经》

《大方等大集经》——《陀罗尼自在王品》(《璎珞品》

① 《究竟一乘宝性论》卷四(大正三一·八四一上)。
② 《大乘庄严经论》卷三(大正三一·六○六上——下)。
③ 《大乘庄严经论》卷二(大正三一·五九六中),又卷三(大正三一·六○四下)。

在内）·《海慧菩萨品》·《宝女品》·《虚空藏品》·《宝髻品》

从所引契经可以了解：《宝性论》不是狭义的如来藏论，不但以如来藏说为主，阐明"生佛不二"的不可思议的如来境界，更广引大乘经，使之与其他大乘经说相贯通；当然，所引的经典，绝大多数是属于后期大乘的。《宝性论》的注释者引《陀罗尼自在王经》，成立七种金刚句义，并引《大集经》其他各品，在一般大乘经中，对于《大集经》，似乎是特别重视的！

第四节　《宝性论》义的分别

以《宝性论》为主的如来藏说，曾受到瑜伽学派的影响，但不是属于瑜伽学的。论中所表达的义理，这里略说重要的几点。

一、如来藏：如来藏是这一学系的主题。《宝性论》说："是故说众生，常有如来藏"；"说一切众生，皆有如来藏"。"说"，是值得注意的字样！西元三世纪以来，佛教界不断地传出了如来藏说的经典。由于如来藏说与印度外道的神我说类似，在（初期）大乘佛教界，多少会发生疑问：到底依佛法的什么意义，而说众生有如来藏呢？《宝性论》的佛界——如来藏章，可说就是为了解答这一问题，如《论》卷三（大正三一·八二八上——中）说：

> "法身遍、无差，皆实有佛性，是故说众生，常有如来藏。"

> "一切众生界，不离诸佛智；以彼净无垢，性体不二故；

依一切诸佛，平等法性身：知一切众生，皆有如来藏。"

上引二偈，依梵文本，"一切众生界"偈在前，是"本论"偈；"法身遍无差"在后，是注释偈，也就是解说"本论"偈的。《论》长行解说（大正三一·八二八中）为：

"有三种义，是故如来说一切时、一切众生有如来藏。何等为三？ 一者，如来法身遍在一切诸众生身（或本作"众生心识"），偈言法身遍故。二者，真如之体，一切众生无差别，偈言无差故。三者，一切众生皆悉实有真如佛性，偈言皆实有佛性故。此三句义，自下论依如来藏修多罗，我后时说应知！"

"一切众生有如来藏"，是约三种意义说的，三种是：一、法身，是遍在一切众生身（心）中的。二、真如，是一切无差别的。三、佛性——佛种性（buddha-gotra），是众生确实有的。依据这三种意义，所以可说"一切众生有如来藏"。这三种意义是依《如来藏经》的，所以说："依如来藏修多罗，我后时说应知。"在论到如来藏的九种譬喻时，《论》卷四（大正三一·八三八中）说：

"法身及真如，如来性实体，三种及一种，五种喻示现。"

"法身"、"真如"、"如来性"，用九种譬喻来表示。譬喻法身的有三喻：佛、蜂蜜、（粰内的）坚实。譬喻真如的有一喻，（粪内的）真金。譬喻佛种性的有五喻：地（中宝）藏、（果）树（芽）、

（弊衣内的）金像、（贫女怀妊）轮王、（泥模内的）宝像。依据《如来藏经》的九种譬喻，解说为法身遍满，真如无别，佛性实有。依这三种意义，说"一切众生有如来藏"，这是《宝性论》的如来藏说。

1. 法身遍满义：法身是究竟圆满的佛果。大乘经中，主要是《华严经》，充分表达了佛身的遍满，没有一处没有法身的。法身无所不在，那么众生的身心中也不能说没有佛身。"本论"颂说："一切众生界，不离诸佛智。"所以法身遍众生，就是佛智遍众生，如《论》卷四（大正三一·八三八下）说：

> "于众生界中，无有一众生离如来法身，在法身外；离于如来智，在如来智外。如种种色像，不离虚空中，是故偈言：譬如诸色像，不离于虚空，如是众生身，不离诸佛智。以如是义故，说一切众生，皆有如来藏。"

这一意义，是从如来法身（或佛智）的遍满、无处不至，而说众生身心中有佛智的。《华严经·如来出现品》所说"如来智慧，无处不至。……如来智慧、无相智慧、无碍智慧，具足在于众生身中。……如来智慧在其身内，与佛无异"①，正是这个意义。众生身中有如来法身（智慧），与佛无异，所以可说众生有如来藏了！从佛而说到众生，在说明上，有佛的智慧（从外而）入于众生身中的意义，如《楞伽经》说："如来藏自性清净，转三十二相，入于一切众生身中。"②《观无量寿经》说："诸佛如来是法界

---

① 《大方广佛华严经》卷三五（大正九·六二三下——六二四上）。
② 《楞伽阿跋多罗宝经》卷二（大正一六·四八九上）。

身，入一切众生心想中。"①如《华严经·如来出现品》，梵文也有
"随入"（anupraviṣṭa）的意义。这与修持观想中，观佛从外而入
于自己身心中，进而观自己身中有佛自身是佛，也有一定的
关系。

　　2.真如无差别义："本论"偈说："以彼净无垢，性体不二
故。"本性或译自性；清净不二，"释论"解说为约无差别的真如
说。在九种譬喻处，以真金来比喻，如《论》卷四（大正三一·八
三八下）说：

　　　　"以性不改变，体本来清净，如真金不变，故说真
　　如喻。"

　　　　"一切诸众生，平等如来藏。真如清净法，名为如来
　　体。依如是义故，说一切众生，皆有如来藏。"

　　清净不二，就是清净而没有改变，本性是没有垢秽与清净的
改变，而只是如此如此的清净，所以用金性的不变作比喻。后一
偈，华译有点重复、不明显。这一偈的梵文，是与《大乘庄严经
论》所说"一切无别故，得如清净故，故说诸众生，名为如来藏"②
完全相同。本性无差别，指心的本性清净说。本性清净，为什么
可称为如来藏？ tathāgata（如来）的 gata 或 āgata，有来去（行）、
到达、入的意义，如来是（真）如的契入、体得者，也就是真如离
杂染而达最清净（法界）阶段。如来之所以为如来的清净真如，
是一切无差别的，与众生如没有任何差别，只是众生（如）为烦

────────────

① 《观无量寿佛经》（大正一二·三四三上）。
② 《大乘庄严经论》卷三（大正三一·六〇四下）。

恼所覆障而已。这样,众生本性清净而为烦恼所覆,当然可以称为如来藏了。

3. 佛种性义:种性是如来藏三义中重要的一义。"论本"偈说:"彼一切诸佛,平等法性身。"依梵本,是"佛种性"。种性是印度的阶级名词,如婆罗门种性、刹帝利种性。生在某一种性中,在社会上就属于这一种性。所以种性有血统的意味,如血统不同,就不属于这一种性了。应用在佛法中,佛是最高上的,众生可以成佛,那众生应有佛性;佛种性是对佛果而说的。在如来藏九种譬喻中,后五喻是比喻佛种性的。先说"佛(种)性有二种:一者如地藏,二者如果树",这是通说。然后约金像、轮王、镜像——三喻,分别地说明,如依种性而生起佛的三身。"以依自体性如来之性(界)诸众生藏,是故说言一切众生有如来藏。"这意思是:依如来界,说一切众生之(如来)藏。所以《论》上说:"以是义故,说如来性(界)因。此明何义?此中明性义以为因义。"①如来性——如来界(tathāgata-dhātu)的界,是"因"的意义。依如来界为因而有如来果,所以种性约因说,依如来界说。《论》中并引《阿毗达磨大乘经》"无始时来性"(界),以说明种性;引《胜鬘经说》:"依如来藏故证涅槃;世尊!若无如来藏者,不得厌苦乐求涅槃。"这都是为了说明:"如来藏:究竟如来法身,不差别真如体相,毕竟定佛(种)性体,于一切时、一切众生身中皆无余尽。"②这样,虽说三义,其实只是一事。"如来法身","不差别真如","毕竟定佛(种)性",不就是如来藏的三义吗?所

---

① 引文均见《究竟一乘宝性论》卷四(大正三一·八三九上)。
② 《究竟一乘宝性论》卷四(大正三一·八三九中)。

以三义只是一事,不过说明不同:从佛说到遍众生中,是法身遍满义;从众生说到有佛性,是佛种性义;约众生与佛平等说,是真如无差别义。虽有三义,都是为了说明"一切众生有如来藏"。

《宝性论》是以三义来说明如来藏的,如说明如来藏"自体",《论》卷三(大正三一·八二八中)说:

"自性常不染,如宝、空、净水。"

三种譬喻,华译本所说缺略。依梵本及藏文本,显然也是约三义说的。如来法身的威神力能成就众生,如摩尼宝珠能随众生的意乐而成就。真如不变异,如虚空一样。如来种性对众生而起慈悲柔和心,与净水的润泽一样。虽有三种譬喻,同样地比喻了"自性常不染",本性清净,这就是如来藏自体①。不同的说明,其实是相通的。如四大章中,说明如来藏的,是"界"。如来藏的九种譬喻,汉译本说"诸佛者,喻如来藏";一直到"摸像喻者,如来藏相似",梵文本都是如来界。又如"真如有杂垢,及远离诸垢",就是佛界与佛菩提二章,那么佛界与如来藏,都就是有垢真如了。总之,依《宝性论》所说,法身(遍入众生)、真如(清净不二)、(众生有)如来界——种性,是一体三义,如来藏是依此而立名的。如来藏本性清净,在烦恼所藏中,还是本净的。本性净而还在烦恼藏中,所以说"一切众生有如来藏",约众生位说。点出众生位中的本清净性,最重要的是:如来藏是成佛的因性。

---

① 中村瑞隆《梵汉对照究竟一乘宝性论研究》(五一———五二)。《藏和对译究竟一乘宝性论研究》(七三———七四)。

二、自性清净心：与如来藏有关的大乘经，说到了自性清净心。如来藏说的特征，是在众生烦恼覆藏中，有本性清净的如来。本性清净而为烦恼所覆，与《增一阿含》的"心本清净，为客尘所染"说有共同意义，所以如来藏说的经典，也就说到了自性清净心。自性清净心是如来藏的别名，但与如来藏不同，在佛教的法义中有着悠久的渊源。《胜鬘经》在说如来藏时，这样说："（自）性清净心，难可了知；彼心为烦恼染，亦难了知。"①所说的自性清净心，就是"自性清净如来藏"。《不增不减经》说："我依此清净真如法界，为众生故，说为不可思议法自性清净心。"②所说的清净真如法界，就是法身、众生、如来藏、自性清净心的别名。《宝性论》中，在说如来界时，自性清净心是如来藏别名；在说如来菩提时，也就是佛的自体，如《论》卷四（大正三一·八四一中）说：

> "向说佛法身，自性清净体。"

> "清净者，略有二种，何等为二？一者，自性清净；二者，离垢清净。自性清净者，谓（自）性解脱，无所舍离，以彼自性清净心体，不舍一切客尘烦恼，以彼本来不相应故。离垢清净者，谓得解脱。又彼解脱不离一切法，如水不离诸尘垢等而言清净；以自性清净心远离客尘诸烦恼垢，更无余故。"

自性清净，是如来藏——众生位；离垢清净，是佛位。其实，

---

① 《大宝积经》卷一一九《胜鬘夫人会》（大正一一·六七八上）。《胜鬘师子吼一乘大方便方广经》（大正一二·二二二下）。

② 《不增不减经》（大正一六·四六七中）。

佛也还是自性清净,因为心从来不与烦恼相应。离烦恼,得解脱,也只是本来清净。所以自性清净心,在众生位没有减少,成佛也没有增多,如说:"不减一法者,不减烦恼;不增一法者,真如性中不增一法,以不舍离清净体故。"①

自性清净心,是心、自性、清净的结合词。心(citta)是心意识的心。自性(prakṛti),也译为本性,如《般若经》中的本性空(prakṛti-śūnyatā),或简称"性空",就是 prakṛti。prakṛti 有事物本原的意思,如数论所立二十五谛,与我(ātman)相对的自性,就是 prakṛti,是展开万化的本原。佛法中别有 svabhāva,意义为自有自成的,一般也译为自性。般若法门所说的一切法无自性,就是没有 svabhāva。《般若经》所立的自性空(svabhāva-śūnyatā)、无性自性空(abhāva-svabhāva-śūnyatā),鸠摩罗什译为有法空与无法有法空;自性与有法,也就是 svabhāva。说一切有部析假见实,依相立法,而说一切法有"自性"(svabhāva)。《大毗婆沙论》说:"如说自性,我、物、自体、相、分、本性,应知亦尔。"②依说一切有部,自性(svabhāva)与本性(prakṛti),是看作同一意义的。《般若经》与龙树论,依本性空而说无自性空,是有对治"自性"意义的。受说一切有部影响的大乘有宗,无论是经与论,都应用自性(svabhāva)一词,也偶尔说 svabhāva-śuddha——自性清净。prakṛti 与 svabhāva,虽被认为有共通的意义,而说心本性清净,大都是用 prakṛti 的。自(本)性清净心的清净,梵文主要是 prabhāsvara,光明清净的意思,如《阿含经》(巴利本作 pabhas-

①　《究竟一乘宝性论》卷四(大正三一・八四〇上)。
②　《阿毗达磨大毗婆沙论》卷七六(大正二七・三九三下)。

sara）与《般若经》所说的心清净。《宝性论》中，与烦恼相对的本性清净心，也应用这一术语。如对不清净而说清净，或说一切法清净，常用śuddha 或 viśuddha；《般若经》说一切法清净，也是用viśuddha 的。还有 pariśuddha，是纯净、极净的意思，大都用于体见清净，证得清净，离烦恼所显的清净。

本性清净心，心本性清净，是渊源于《增一阿含经》的，为大众部、分别论者所宗。说如来常住不变的如来藏说，融合了心性本净说，而说"自（本）性清净心"。从《阿含经》以来，心性清净，就与客尘烦恼（āgantuka-kleśa）对说，含有主体——本性（prakṛti）与客性（āgantukatva）的关系。烦恼是附属的，虽现起染污相，却不能改变心本性的清净。烦恼怎么不能影响心，而能保持心的清净本性呢？《宝性论》卷二引《胜鬘经》（大正三一·八二四下）说：

> "世尊！刹尼迦善心，非烦恼所染；刹尼迦不善心，亦非烦恼所染。烦恼不触心，心不触烦恼，云何不触法而能得染心？世尊！然有烦恼，有烦恼染心，自性清净心而有染者，难可了知！"

客尘烦恼与本性清净的关系，依《胜鬘经》所说，多少可以了解一些。在常识上，我们的心，或与烦恼相应，似乎心也成为染污的。大众部说：一切法唯有善性与不善性，没有第三性——无记性。《宝性论》也说："法界中，善心不善心俱，更无第三心。"①依

---

① 《究竟一乘宝性论》卷二（大正三一·八二四下）。

世俗谛说:心是刹那——刹尼迦不住的。生灭不住的善心,与烦恼不相应,当然不能使心成为染污的。刹那不善心,也不是烦恼所能染污的,因为心不能触烦恼,烦恼也不能触心。为什么不能触(合)?心与烦恼同时,即生即灭,不可能使同时俱起的有生有灭,成染成净。《增一阿含经》说"法法自生,法法自灭,法法相动,法法自息(定)"①,就是"法法不相到,法法不相知"的道理。这是在刹那生灭不住中,体会出当下不动,法法各住于自性,这怎么能染污心呢!然而,世俗谛中,有烦恼,有烦恼染心而成为不善(有部称为"相应不善");称为不善心,而心却还是本性清净的,这实在难以了解!上座部立无记心,所以无所谓善恶的(本性)心,与不善相应而成为不善心。大众部不立无记心,所以虽有染污心的现象,而心不失清净的本性。从不立无记,本性与客性去理解,才能正确理解如来藏说中的本性清净心。早期的如来藏说,本性清净心还不是所传的第八净识或第九识,只是六识——平常心识的本性,不过习惯地称迷妄的为六识而已。《胜鬘经》以刹那心来表示本性清净心。如来藏禅传来中国,成为禅宗,如六祖《坛经》说:"但能离相,性体清净。""为人本性念念不住,……念念时中,于一切法上无住。一念若住,念念即住,名系缚;于一切法上念念不住,即无缚也,以无住为本。"②这也是念念不住中见本性。在妄心外别立真心,怕不是如来藏学的正义!

――――――――――

① 《增一阿含经》卷六(大正二·五七五下)。

② 《南宗顿教最上大乘摩诃般若波罗蜜经六祖惠能大师于韶州大梵寺施法坛经》(大正四八·三三八下)。

三、不空与种性:《胜鬘经》立空如来藏、不空如来藏,如《究竟一乘宝性论》卷四引经(大正三一·八四〇上)说:

> "《胜鬘经》言:世尊! 有二种如来藏空智。世尊! 空如来藏,若离、若脱、若异一切烦恼藏。世尊! 不空如来藏,过于恒沙不离、不脱、不异不思议佛法。"

《宝性论》继承《胜鬘经》说。依如来藏说,《般若》等大乘经说"空",是正确的,但还是不了义的。如来藏是本性清净心,着重于客尘烦恼空。对本性清净心来说,烦恼是客性——外铄的、附属的,与心性清净是本来别异而相离的。生死中的众生,有烦恼、有业与苦阴,也就是有为法。《大法鼓经》说:"空彼一切有为自性。"①《央掘魔罗经》说:"离一切烦恼,及诸天人阴,是故说名空。"②《大般涅槃经》说:"空者,谓无二十五有,及诸烦恼,一切苦,一切相,一切有为行。"③这都是说有为诸行是空。《不增不减经》与《胜鬘经》以如来藏为自性清净心,所以只说烦恼空,烦恼是造业受苦的根源。依空如来藏说,如来藏、自性清净心、真如、法界,也可以说是空,而其实是说离烦恼诸行,烦恼诸行空而已;诸行空,而如来藏、自性清净心体是不空的。如来藏有无量数的不思议佛(功德)法,与如来藏相应,不异而不可分离的。如《论》说:"不空如来藏,谓无上佛法,不相舍离相。"④不相离的无上佛法,就是称性功德,这不但是有的,而且

---

① 《大法鼓经》卷上(大正九·二九一中)。
② 《央掘魔罗经》卷二(大正二·五二七下)。
③ 《大般涅槃经》卷五(大正一二·三九五中)。
④ 《究竟一乘宝性论》卷四(大正三一·八四〇上)。

是有作用的,如《论》说:"若无佛性(界)者,不得厌诸苦,不求涅槃乐,亦不欲不愿。""见苦果乐果,依此(种)性而有;若无佛性者,不起如是心。"①见世间苦而想离苦,见涅槃乐而想得涅槃,厌苦求乐而发的希愿欲求心,是众生离苦得乐、舍凡成圣成佛的根本动力。这种向光明喜乐自在的倾向,就是如来藏称性功德的业用。如来藏三义中的种性义,是如来藏的要义,指如来藏相应的无数不思议佛功德法,也就依此说"一切众生有佛性"。然如来藏在众生身中,不一定能发菩提心,求成佛道,问题在虽有厌苦求乐的动机,但没有遇到、亲近善知识,不曾修习大乘信心,所以或学二乘法,或但求世间乐,不过总是要依如来藏而成佛的。《宝性论》引《华严经》,"乃至邪见聚等众生身中,皆有如来日轮光照",就是说明这一意义②。这样,世间、出世间、出世间上上善法的根源,都是如来藏不思议功德的业用。是成佛的种性,所以名为如来界,界就是"因义"。

　　如来藏可以说是空,但空是与烦恼等不相应,而如来藏自体,与如来藏相应的不思议功德法,是决定不空的。如来藏有空、不空二义,正是虚妄法空、真实法不空的立场。或者从缘起有与性空,妙有与真空去解说,显然是不符合经论的本意。如来藏有空与不空义,而《胜鬘经》又说"二种如来藏空智"③。空与不空,都称为空智(śūnyatā-jñāna),《究竟一乘宝性论》卷四解说(大正三一·八四〇上)为:

---

① 《究竟一乘宝性论》卷三(大正三一·八三一上)。
② 《究竟一乘宝性论》卷三(大正三一·八三一中)。
③ 《胜鬘师子吼一乘大方便方广经》(大正一二·二二一下)。

"如是以何等烦恼,以何等处无,如是如实见知,名为空智。又何等诸佛法,何处具足有,如是如实见知,名不空智。如是明离有无二边,如实知空相。……以离第一义空智门,无分别境界,不可得证,不可得见,是故圣者《胜鬘经》言:世尊! 如来藏智名为空智。"

空的知道是空的,离增益的有边;不空的知道是不空的,离损减的无边。也可以说"客尘虚妄染,本来自性空",知道是本来空的,所以"不减一法"。"不空如来藏,谓无上佛法,不相舍离相",本来具足,所以"真如性中,不增一法"。这样,空与不空的见知,不增不减,能远离有无二边。离二边的中道,能如实知空相(śūnyatā),如来藏智也就名为空(性)智,空性是无分别智境。以空为无,因空而显的如来藏自体清净,名为空性,与瑜伽者所说的相同。依无分别智证第一义空性,所以引《摩诃般若经》、《金刚般若经》义①。根本智证第一义空性,名为空性智,会通了初期大乘的空相应经。

《大般涅槃经》一再说:"我者即是如来藏义;一切众生悉有佛性,即是我义。""真我名曰佛性";"我性及佛性,无二无差别"②。我,佛性,如来藏,是同一内容。《涅槃经》"初分"所说的我,除佛果常乐我净的我以外,着重在众生位中的真我。《央掘魔罗经》也一再说《如来藏我》。这二部经,与《如来藏经》所

---

① 《究竟一乘宝性论》卷二(大正三一·八二四中),又卷四(大正三一·八四二中)。

② 《大般涅槃经》卷七(大正一二·四〇七中),又卷八(大正一二·四一二下、四〇九下)。

说的如来藏、佛性,富有神我的色彩。《胜鬘经》以如来藏为本性清净心,所以说佛果的常乐我净,不再说众生位的(如来藏)我。《宝性论》也是这样,只说果位的常乐我净。"释论"引偈说:"如清净真空,得第一无我,诸佛得净体,是名得大身。"解说大身(mahā-kāya)"是诸佛如来实我"①。这一偈,与《大乘庄严经论》偈相同,也约佛果说②。虽然众生位中,仍有可以说我的意义,但在文字表面上,经中如来藏的自我色彩,大大地淡化了!这是《宝性论》主与瑜伽学者的共同倾向。

四、转依:从众生生死到如来涅槃,当时的佛教界提出了转依一词。在汉译《宝性论》中,转依是被译为"转身"、"转"或"转得"的。生死是杂染的,涅槃是清净的,如两不相干,那不能说某人成佛得涅槃了。本来,从前生到后生,从生死到解脱,前后间有什么关联,部派间早已考虑到,有的提出不可说我、胜义我的说明。《大般涅槃经》说:"何者是我?若法是实、是真、是常、是主、是依,性不变易,是名为我。"③外道立我的意义,也大致是这样。在《宝性论》等论中,提出了转依说。依是依止,是生死与涅槃的所依体;依此,从生死而转化为涅槃,就是转依。《大宝积经》卷一一九《胜鬘夫人会》(大正一一·六七七下)说:

> "生死者,依如来藏;以如来藏故,说前际不可了知。
> 世尊!有如来藏故得有生死,是名善说。……如来藏者,常
> 恒不坏。是故世尊!如来藏者,与不离解脱智藏,是依、是

---

① 《究竟一乘宝性论》卷三(大正三一·八二九下)。
② 《大乘庄严经论》卷三(大正三一·六〇三下)。
③ 《大般涅槃经》卷二(大正一二·六一八下)。

持、是为建立；亦与外离不解脱智诸有为法，依、持、建立"。

依如来藏，才能善说众生有生死涅槃，如来藏是生死与涅槃的依止。从生死而转为涅槃，就是如来藏转依——转生死依为涅槃依。《不增不减经》说：如来藏"是一切诸法根本"；"住持一切法，摄一切法"[1]，也就是为依止的意思。

生死依如来藏，如《宝性论》卷三（大正三一·八三二下）说：

> "地依于水住，水复依于风，风依于虚空，空不依地等。……阴入界如地，烦恼业如水，不正念如风，净心界如空。依性（界）起邪念，念起烦恼业，依因烦恼业，能起阴入界。依止于五阴，界入等诸法，有诸根生灭，如世界成坏。净心如虚空，无因复无缘，及无和合义，亦无生住灭。如虚空净心，常明无转变，为虚妄分别，客尘烦恼染。"

生死，是诸根的生起与败坏。净心，是如来藏异名。邪念、不正念、不善思惟，都是不如理作意（ayoniśo-manasikāra）的异译。推求生死的根源，到达不如理作意，不如理作意是依于净心的。这就是生死依如来藏而有，但如来藏净心却是虚空那样的无所依止，也不受生死虚妄的影响。《维摩诘所说经》说：身以欲贪为本，欲贪以虚妄为本，虚妄分别以颠倒想为本，颠倒想以无住为本；"无住则无本"，"从无住本立一切法"[2]，与依如来藏

---

① 《不增不减经》（大正一六·四六七下）。
② 《维摩诘所说经》卷中（大正一四·五四七下）。

而有生死的意思相近。一切不离于真如,一切不出法界,正如一切色不离虚空那样。但在如来藏学中,如来藏不生不灭,常住不变,本来清净,与无边佛法不相离,更具有充实的内容。"为虚妄分别,客尘烦恼染",所以有生死,如远离虚妄分别,出烦恼藏,如虚空回复本来的明净,那就是菩提与涅槃——转依了。《论》卷四(大正三一·八四一上)说:

> "无垢如者,……于无漏(法)界中,远离一切种种诸垢,转(杂秽身,得净妙)身。"
>
> "如来藏不离烦恼藏所缠,以远离诸烦恼,转身得清净,是名为(转依的)实体。"

《宝性论》所说"离垢真如"部分,名《菩提品》,汉译作《转身清净成菩提品》。全论分八义,与《大乘庄严经论·菩提品》的"诸佛法界清净"六义,是一致的。转依清净的实体(自性svabhāva),就是离垢清净的如来藏,如《论》说:"佛功德无垢,常恒及不变。""佛身不舍离,清净真妙法,如虚空日月,智离染不二。过恒沙佛法,明净诸功德,非作法相应,不离彼实体。"①转依的实体,是不离一切明净功德,常恒不变,非作法的。说到"转身实体清净",有二清净,其中"离垢清净者,谓得解脱。又彼解脱不离一切法,如水不离诸尘垢等而言清净,以自性清净心,远离客尘诸烦恼垢,更无余故"②。离垢清净,只是本来那样的清净。约智能证得说,说二种无分别智为"因";约离烦恼而

---

① 《究竟一乘宝性论》卷四(大正三一·八四一中)。
② 《究竟一乘宝性论》卷四(大正三一·八四一中)。

得说,说远离二障为"果"。其实,只是"智离染不二"的实体。《宝性论》卷四(大正三一·八四一中——下)说:

> "依彼果离垢清净故说……无垢功德具,显现即彼体。蜂王美味蜜,坚实、净真金,宝藏、大果树,无垢真金像,转轮圣王身,妙宝如来像:如是等诸法,即是如来身。"

转依所得的如来身,举《如来藏经》的九种譬喻,这正说明了,具一切功德的如来藏,出烦恼藏,就是如来法身。《宝性论》所说的转依、菩提,一切功德是本具的,与瑜伽学者显然采取了不同的观点。

第七章　瑜伽学派之如来藏说

第一节　瑜伽学派略说

瑜伽学派,或称为唯识派,是以弥勒、无著、世亲所造的论典——《瑜伽师地论》、《显扬圣教论》、《辩中边论》、《分别瑜伽论》、《大乘庄严经论》、《摄大乘论》、《大乘阿毗达磨集论》、《唯识三十论》、《唯识二十论》等论为宗依的学派。瑜伽学派所依的经典,主要为《解深密经》与《阿毗达磨大乘经》。在这些经论中,《阿毗达磨大乘经》与《分别瑜伽论》,没有译为汉文(原本现已佚失)。除了《大乘庄严经论》是唐波罗颇蜜多罗(Prabhākaramitra)译出以外,其余的都有唐玄奘的译本。早在西元五世纪上半,北凉(西元四一四——)昙无谶所译的《地持经》十卷,宋(西元四三一)求那跋摩所译的《菩萨善戒经》九卷,就是《瑜伽师地论·本地分》的"菩萨地"的异译。宋(西元四三六——四五三)求那跋陀罗所译的《第一义五相略集》一卷、《相续解脱经》二卷,是《解深密经》的一部分,从《瑜伽师地论·摄决择分》中节录出来的。可见瑜伽派的根本经论——《解深密经》与《瑜伽师地论》，在西元五世纪上半，已部分地传来中国了，但对中国佛教的影响似乎并不太大！到西元六世纪上半，菩提流支、佛陀扇多、勒那摩提、瞿昙般若流支等，到中国北魏来，译出了与无著、世亲有关的论典。世亲的《十地经论》，以菩提流支为主，勒那摩提、佛陀扇多相助而译出。当时意见不一致，所以有各别译出而合为一部的传说①。这部论受到当时的重视，传承弘扬，成为"地论宗"。这几位译师所译的，如《十地经论》、《法华经论》、《金刚般若波罗蜜经论》、《大乘宝积经论》、《胜思惟梵天所问经论》等，都与无著、世亲有关，重于菩萨大行的释经论。虽然，菩提流支译出了《深密解脱经》（《解深密经》的异译）五卷，佛陀扇多译出了《摄大乘论》二卷，瞿昙般若流支译出了（二十）《唯识论》一卷，但对于瑜伽学派，分别抉择甚深法义的宗经论，显然译出是不充分的，所以法义也不够明确。《究竟一乘宝性论》也是菩提流支与勒那摩提译的，所以"地论宗"，尤其是传承勒那摩提的"地论南道"，与《宝性论》的思想极为接近。同时而多少迟一些，真谛到达中国的南方，在梁、陈间（西元五四九——五六七），译出了《摄大乘论》三卷、《摄大乘论（世亲）释》十五卷，是真谛所传唯识学的要典，所以有"摄论宗"的传弘。真谛所译的，还有《解节经》一卷，是《解深密经》的"胜义了义"部分。《决定藏论》三卷，是《瑜伽师地论·摄决择分》中的"五识身相应地"与"意地"的异译。《十七地论》五卷，是《瑜伽师地论·本地分》的异译；但当时没有全部译出，早已佚

---

①　《开元释教录》卷六（大正五五·五四〇下）。

失。《三无性论》一卷,是《显扬圣教论·成无性品》的别译。《中边分别论》一卷,是《辩中边论》的异译;《十八空论》一卷,是《中边分别论》的部分注释。《转识论》一卷,是《唯识三十论》的释论。《大乘唯识论》一卷,是《唯识二十论》的异译。真谛所译的,比北方菩提流支等所译,无疑的充分明确得多!真谛又译出《无上依经》三卷、《佛性论》四卷,那是接近《宝性论》思想的。西元七世纪中,唐玄奘从印度回来,从贞观十九年(西元六四五)到龙朔元年(西元六六一),译出瑜伽、唯识学的大量经论。其中,《成唯识论》十卷,是玄奘所传的精要所在,所以称玄奘所传的为"唯识宗"。这部论,糅合《唯识三十论》的十家注释所成,而其实是以护法论义为正宗的,代表了印度的唯识学在发展中所完成的思想。

在部派佛教中,寻求瑜伽唯识学的渊源,近于上座部中的说一切有——"三世有"系。说一切有系分裂为犊子部及其末派,与说一切有部。从《大毗婆沙论》中,可以看出说一切有部中,有重论的阿毗达磨者,也就是一般所说的说一切有部;重经的譬喻者,如法救(Dharmatrāta)、觉天(Buddhadeva)等。从论师系又分出说转部。说转部立"胜义补特伽罗",与立"不可说我"的犊子部等,都是"我法俱有"的;说一切有部是"法有我无"的。西元三世纪初,譬喻师舍弃了"三世有"说,改宗(大众部与分别说部的)"现在有"而过未无说,演化为著名的经部譬喻师。经部的一项重要思想,是种子(bīja)或习气(vāsanā)说。瑜伽唯识学所说的法相,是广义的说一切有,而依"现在有"立种子说,与经部的关系更密切。如世亲的《大乘成业论》,对于业(karman)

力,取种子说,更进一步地说:"一类经为量者",立"异熟果识具
一切种子";有"集起心"与"种种心",引《解深密经》①,就是大
乘瑜伽论师。瑜伽大乘的兴起,已经是大乘佛教的后期,所以面
对初期大乘的一切法空、一切法无自性说,后期大乘的如来藏、
佛性说,从说一切有,特别是经部的思想,接受而解说它。对于
初期大乘,如《大般若经》等空无自性说,从"说有"的立场,给以
善巧的再解说,如《解深密经》的《一切法相品》、《无自性相品》
所说②。对于后期大乘,众生本有如来藏、佛性说,也给以善巧
的再解说,如依《阿毗达磨大乘经》而造的《摄大乘论》,引述《阿
毗达磨大乘经》说:"法有三种:一、杂染分,二、清净分,三、彼二
分",引"金、土、(矿)藏为喻",来说明遍计所执性、圆成实性、依
他起性——三性③。因此,依他起性的定义,除了一般的"依他
熏习种子而生起"以外,又有"杂染清净性不成故"④,作为众生
与佛的共同依止性。《解深密经》是继承经部的《瑜伽师地论》
所宗;《阿毗达磨大乘经》中圆熟的唯识思想,代表了大乘不共
的唯识学,是《摄大乘论》所宗依的。《瑜伽论》说:阿赖耶是"一
切种子所随依止性,所随依附依止性,体能执受,异熟所摄阿赖
耶识"⑤;"由八种相,证阿赖耶识决定是有",说"诸识俱转",是
重于阿赖耶现行识的⑥。《唯识三十论》也是这样,所以说三种

---

① 《大乘成业论》(大正三一·七八四中——下)。
② 《解深密经》卷二(大正一六·六九三上——六九七中)。
③ 《摄大乘论本》卷中(大正三一·一四〇下)。
④ 《摄大乘论本》卷中(大正三一·一三九下)。
⑤ 《瑜伽师地论》卷一(大正三〇·二八〇中)。
⑥ 《瑜伽师地论》卷五一(大正三〇·五七九上——中)。

（能）变。《摄大乘论》重于阿赖耶识为种子性；依阿赖耶为种子而现似一切，所以有"一能变"说。瑜伽唯识学系，对广义的说一切有，取舍不同：或立本有种子，或说种子由熏习而有；或说依心现似心所，或说心所别有；依他起性，或重从种子生，或重于杂染清净性不成；或立无漏依他起（正智是依他起性），或说无漏是圆成实，所以立"四种清净"。虽有种种异说，但大义是一致的；对如来藏的解说，也是一致的。真谛所传译的，是瑜伽唯识学，而有折衷如来藏学的倾向，所以要分别地加以论究。

第二节　瑜伽唯识学的如来藏说

唯识学派有关如来藏的见解，试分别地加以论究。

一、"如来藏"：如来藏是什么？是依什么意义而说的？《宝性论》约三义说——"佛身遍"，"无差别"，"如来（佛种）性"。在这三义中，唯识学者但约"无差别"说，如《大乘庄严经论》卷三（大正三一·六〇四下）说：

> "一切无别故，得如清净故，故说诸众生，名为如来藏。"

"一切众生，一切诸佛等无差别"，无二无别，所以名为真"如"。世亲的《摄大乘论释》也说："自性本来清净，即是真如，自性实有，一切有情平等共相；由有此故，说一切法有如来藏。"①真

---

① 《摄大乘论释》卷五（大正三一·三四四上）。

如是圆成实自性的别名。真如是实有自性的,本来清净的;是一切有情的平等共相(无差别相),也就是生佛不二的。无差别的真如性,遍于一切众生,所以说"一切众生有如来藏",这是如来藏说的本义。真如是遍于一切法的,所以说"一切法有如来藏",这应该是唯识学者的新义。也许"众生有如来藏",无论怎样解说,总不免带点神我的意味,所以虽然真如是"一切有情平等共相",却说为"一切法有如来藏"! 一切众生或一切法有"如"性,为什么说有"如来"藏呢? tathāgata,或译如来、如去,是契入如、如显现的意义。契入如或显现如,约究竟说,就是如来——佛的异名。佛是如性究竟显现清净的,众生是没有清净显现的,这就是真如(圆成实性)的离垢清净与自性清净。然而这到底是约世俗安立说的,如约真如自性(胜义),那是无所谓契入不契入,显现不显现的。真如离能所,所以约真如自性说,众生如与如来如,没有任何差别可说。那么,一切众生有"如"性,一切法有"如"性,也就可说有"如来"了。依世俗安立说,众生虽可说有"如来",而还没有能离障清净,隐而未显,如胎儿在胎藏中一样;依于这一意义,所以说为"如来藏"。

二、"我":"我者,即是如来藏义;一切众生悉有佛性,即是我义。"①如来藏(tathāgata-garbha)、佛性(buddha-dhātu,buddha-garbha),都就是我(ātman),这是《大般涅槃经》、《央掘魔罗经》所明确说到的。如来有常、乐、我、净——四种功德;如来的"我"德,是一切如来藏经论所说到的,而如来藏佛性就是我,在

————

① 《大般涅槃经》卷七(大正一二·四〇七中)。

唯识学派中说得多少含蓄一点，其实也还是说到了的。《大乘庄严经论》卷三（大正三一·六〇三下）说：

　　"清净空无我，佛说第一我；诸佛我净故，故佛名大我。"

　　汉译的《究竟一乘宝性论》也引证了这一偈："如清净真空，得第一无我；诸佛得净体，是名得大身。"①梵、藏本没有这一偈。《佛性论》也引此偈说："二空已清净，得无我胜我；佛得净性故，无我转成我。"②这一偈，在《大乘庄严经论》中，是说无漏法界（dharma-dhātu）的大我（mahātman）相。"如"是空性清净（śūnyatā viśuddha）；空性是无我（nairātmya），没有众生妄执的神我，而无我空性，正就是佛所得的最胜我。如《论》释说："第一无我，谓清净如，彼清净如即是诸佛我自性。……由佛此我最得清净，是故号佛以为大我。"③如清净空性，唯识学者是解说为（如来藏）我的；佛证得最清净法界（真如），所以佛可以称为大我。

　　真如法界是佛与一切众生无差别的平等共相，既然是"诸佛我自性"，当然也是菩萨、一切众生的我自性。《大般若经·学观品》："实有菩萨，不见有菩萨，……由不见故，不生执著。"④唯识学者依据这一段文字，解说为对治"十种散动分别"。《般若经》一向说"菩萨不可得"，"不见有菩萨"，"菩萨但有名字"，而《学观品》却说"实有菩萨"，这是什么意义？玄奘译《摄大乘

　　①　《究竟一乘宝性论》卷三（大正三一·八二九下）。

　　②　《佛性论》卷二（大正三一·七九八下）。

　　③　《大乘庄严经论》卷三（大正三一·六〇三下）。

　　④　《大般若波罗蜜多经》卷四（大正五·一七中——下）。

论(世亲)释》卷四(大正三一·三四二下)解说为:

> "此中无相散动(十种散动之一)者,谓此散动,即以其
> 无为所缘相。为对治此散动故,《般若波罗蜜多经》言:实
> 有菩萨。言实有者,显示菩萨实有空体;空即是体,故名
> 空体。"

玄奘所译的,可以解说为菩萨的实有空体。其实,这是说:
菩萨以真如空性为自体。如真谛所译《摄大乘论释》说:"由说
实有,显有菩萨以真如空为体。"①无性《释论》也说:"谓实有空
为菩萨体。"②可见"实有菩萨"的意义是:真如空是菩萨实体。
菩萨没有世俗的神我,却有胜义的真我。如来藏约真如无差别
说,我也是约真如说。佛可说为大我,菩萨可说"实有菩萨",众
生当然也可说"实有众生"。不过后代的唯识学者大都避而不
谈,尽量避免以真如为"我自性"的意义。

唯识学的本义,是以真如空性解说"如来藏我"的,还有可
以证明的,如《大乘庄严经论》卷二(大正三一·五九六上)说:

> "佛体平等,由法界与我无别,决定能通达故。"

佛以最清净法界为自体,以法界与我的无差别,说明佛自体
的平等,"我"正是法界的"大我相"。《显扬圣教论》也说到了
"大我",如说③:

---

① 《摄大乘论释》卷五(大正三一·一八九下)。
② 《摄大乘论释》卷四(大正三一·四○五中)。
③ 1.《显扬圣教论》卷三(大正三一·四九三下)。2.《显扬圣教论》卷一七
(大正三一·五六二中)。

1.“广大阿世耶者,谓大我阿世耶及广普阿世耶。大我阿世耶者,谓诸菩萨由得自他平等解故,为诸有情皆得解脱清净信欲。广普阿世耶者,谓诸菩萨于流转寂灭得无分别平等解故,为利有情二俱不住清净信欲。”

2.“是大我意乐,于自性无得;广意乐当知,二性无分别。论曰:当知此平等心性,即是大我阿世耶,及广大阿世耶。于遍计所执自性无所得故;于有漏无漏二性,过失功德亦无所得,由无分别故。”

阿世耶(āśaya)译为“意乐”,这里的二种意乐,就是“清净信欲”。依第一则,理解有情的自他平等,发起一切有情同得解脱的意乐(与“同体大悲”的意义相同),名为大我阿世耶,大我约一切有情的“自他平等”说。依第二则,(唯识宗依心立我)“平等心性”是通达遍计所执自性无所得,也就是心空性。每一有情的“我自性”,是平等无差别的,但有情不能通达,迷著虚妄的神我。菩萨能通达自他平等,起大我意乐。佛能圆满证得法界(我)平等,遍法界身以法界为自体,就是佛的“大我相”。《显扬圣教论》卷一二(大正三一·五三九上——中)又说:

“五、究竟不可见故,如言内我之体,有何相貌而常恒不变自性正住?……如于语相违难,随顺会通,如是于不定显示难,究竟不可见难,亦尔。”

论文是解释从经文引起的疑难。疑难共有五类,“究竟不可见难”是第五难。自“内我”,怎么说也都不是的。没有相可说,怎么知道有自体? 知道是“常恒不变自性正住”呢? 依论说,这应该随顺会通。佛经所说的,有的"语相违",前说与后说不合。有的"不定显示",对于同一内容,以种种异门来说明。对于"语相违"、"不定显示"所引起的疑难,应该"随顺会通"。"随顺会通",是随顺无颠倒解,如理的正义为准绳,依此如实法义来会通经说。常恒不变的自内我,难以说明,引起学者的疑难,唯识学者是依真如平等空性来解说会通的。

三、心性本净:citta-prakṛiti-prabhāsvaratā,译为心本性净、心性本净,或译为自性清净心。源出《增一阿含经》,为《般若》等大乘经所采用。初期大乘经,多说一切法本性净,一切法本性空,表示法界、真如的意义;心性净只是法性净中之一。后期大乘经倾向唯心(cittamātra)说,心为一切法的所依,多说心性本净。法界清净与心性本净,有了同样的意义,如来藏经典也就多说自性清净心。唯识者对于心性本净的见解,如《大乘庄严经论》卷六(大正三一·六二二下——六二三上)说:

> "譬如清水浊,秽除还本清;自心净亦尔,唯离客尘故。"

> "已说心性净,而为客尘染,不离心真如,别有心性净。"

《论》文以水的清浊,来比喻"自心净"。水有垢浊与清净的;除去垢浊所得的清净水,"清(净)非外来",水的清净性是本来如此的。这正如方便修行,除去客尘,显心的清净,也是"净非外来,本性净故"。从杂染心而转为清净,显出的心清净性本来如此,与真如的自性清净、离垢清净,意义完全一样。所以,所

说的自心本净，约心的真如性说，并非说虚妄分别的有漏心识是
清净的。对于心清净，《庄严论》解说为："如是心性自净，而为
客尘所染，此义已成。由是义故，不离心之真如，别有异心，谓依
他相，说为自性清净。此中应知说心真如，名之为心，即说此心
为自性清净，此心即是阿摩罗识。"①自性清净的心，是心真如，
梵本作法性心（dharma-citta）；真如心与法性心，意义是相同的。
总之，自心清净，约无差别的真如说，与如来藏、我的约真如说，
意义相同。《成唯识论》卷二（大正三一·九上）说：

> "然契经说心性净者，说心空理所显真如，真如是心真
> 实性故，或说心体非烦恼故名性本净，非有漏心性是无漏，
> 故名本净。"

对于心性本净，《成唯识论》有二说：一、约心空理所显真如
说，与《庄严论》所说的相同。二、约心体非烦恼说，是采取了说
一切有系的见解，如《阿毗达磨顺正理论》卷七二（大正二九·
七三三中——下）说：

> "此经依何密意？依本客性，密作是说：谓本性心必是
> 清净，若客性心容有染污。本性心者，谓无记心，非戚非欣
> 任运转位，诸有情类多住此心，一切位中皆容有故。此心必
> 净，非染污故。客性心者，谓所余心，非诸有情多分安住，亦
> 有诸位非皆容有，断善根者必无善心，无学位中必无染
> 故。……如是但约心相续中，住本性时说名为净，住客性位

---

① 《大乘庄严经论》卷六（大正三一·六二三上）。

容暂有染。”

依说一切有部说：心识的本性是中容的无记性，与善或不善心所相应，名为善心、不善心。善心与不善心，是相应善相应不善，而心的自性是无记的，所以善与恶是心的客性。心的本性是无记，不是染污性，所以说“心体非烦恼故名性本净”。后一说，是通于有漏心的，也许是《阿含经》的本意，但在大乘经中，心性本净应该是约心真如说的。《成唯识论》的识本性无记说，也是继承《瑜伽师地论》的，如卷五四（《摄决择分》）（大正三○·五九五下）说：

　　“又复诸识自性非染，由世尊说一切心性本清净故。所以者何？非心自性毕竟不净，能生过失，犹如贪等一切烦恼。亦不独为烦恼因缘，如色受等，所以者何？以必无有独于识性而起染爱，如于色等。”

一切识自性非染污，不是烦恼。如识不与烦恼相应，识不能独为烦恼的因缘；如于识而起染爱，那是识与烦恼俱起的关系。约识自性非染污来解说心性本净，正合于识本性无记的意义。《瑜伽论》说“净识”，都指无漏识，与心性本净不合。《庄严经论》的汉译本说“此心（真如）即是阿摩罗识”，梵文本没有这一句。阿摩罗识（amala-vijñāna）意译为无垢识，是真谛所传唯识学所一再提到的，可能是传译时，缀文、证义者受到真谛学影响而附加进去的！

心性是依心真如性说的。心性本净，是与客尘烦恼相对称的。在大乘法中，心性依心真如说，所以心性清净，就是真如或法界清净。圣者内自所证的真如或法界,其实是非染非净的,所以从胜义(圣智自证)的立场,《大乘庄严经论》卷三(大正三一·六〇三下)说:

> "如前后亦尔,及离一切障,非净非不净,佛说名为如。"

> "释曰:此偈显示法界清净相。如前后亦尔者,所谓非净,由自性不染故。及离一切障者,所谓非不净,由后时客尘离故。非净非不净,佛说名为如者,是故佛说:是如非净非不净。是名法界清净相。"

法界、真如无差别,无变异,是非净非不净(也可说非染非不染),没有净不净可说的。清净是对杂染说的,真如是前后一如,本来如此,实在无所谓清净;不过从离客尘杂染所显来说,真如也可说非不净的。唯识学者依世俗说胜义,对于胜义——真如、法界,是从世俗安立去阐明的。如直从胜义(非安立)说,那是超越于相对界,非分别名相所及,有什么净不净呢!

真如非净非不净,《辩中边论》卷上(大正三一·四六六中)也说:

> "此若无杂染,一切应自脱;此若无清净,功用应无果!"
> "非染非不染,非净非不净,心性本净故,由客尘所染。"

《辩中边论》说:真如、法界等,是"空性异门",约不同意义来表示空性,所以有不同名字,而内容是相同的。成立"空性差别"——有垢与无垢的差别,所以说了上面二颂。杂染与清净,是佛法化世的根本论题；染净相对的意义，是不可能没有的，一定要肯定这杂染与清净的事实，因此空性就有了有垢位与无垢位的差别。然依空性——真如、法界自性来说，实在是"非染非不染，非净非不净"的。不过，说空性、真如是"非染非不染，非净非不净"，还是依杂染与清净而说的，所以，约"心性本净"，说非染非不染；约"客尘所染"，说非净非不净。这与说"非空非不空"一样，都是依世俗说胜义，而不是直就胜义的超越说。《辩中边论》说："有情及法俱非有故，彼染净性亦俱非有；以染净义俱不可得，故染净品无减无增。"①可见说"法界本净"，"心性本净"，都不过观待世俗的杂染性而说。

四、种性：如来藏，我，心性本净——自性清净心，唯识学者是约真如性说的。如来种性，佛种性，唯识学约菩萨所有的成佛种子说，这是与《宝性论》如来藏学最大的差别所在。《瑜伽师地论》（"菩萨地"）卷三五（大正三〇·四七八下）说：

> "云何种性？谓略有二种：一、本性住种性，二、习所成种性。本性住种性者，谓诸菩萨六处殊胜，有如是相，从无始世展转传来，法尔所得，是名本性住种性。习所成种性者，谓先串习善根所得，是名习所成种性。"
>
> "又此种性，亦名种子，亦名为界，亦名为性。"

依《论》说，种子（bīja）、界（dhātu）、性（prakṛiti），都是种性（gotra）的名字差别。不同的名字，解说为同一内容，都是种子

---

① 《辩中边论》卷下（大正三一·四七五下）。

的别名。《瑜伽论·声闻地》也这样说①。《大乘庄严经论》也说："性种及习种，所依及能依，应知有非有，功德度义故。"②菩萨种性，有性种性——本性住种性，习（所成）种性。本性住种性，是无始以来法尔而有的；习所成种性，是经过不断的熏习而成就的。这二类，是本有的，及经不断熏习而功能增胜的种子。《庄严论》所说，与《瑜伽论》所说相同。种性、种子是什么意义？种子是有因体而还没有果体——"有非有"，所以是可能性，可能生起果法的潜能。因为能出生菩萨功德，所以名为菩萨种性。种性是"功德度义"，能出生功德的意义；种性虽是种子的异名，但种性专约能生无漏功德说。无漏功德有三乘差别，不同的无漏功德，从不同的种子生，所以唯识学立五种种性：一、声闻种性；二、独觉种性；三、如来种性；四、不定种性，有多种无漏种子，虽随缘修证二乘圣果，而可以回小入大；五、无种性，没有三乘无漏种子，怎么也不能发生无漏功德，证入圣果。种子是多种差别的，所以唯识学立"五性各别"，"三乘究竟"而不是唯一佛乘的。

《瑜伽论·本地分》、《庄严经论》，立本有的本性住种性，而《摄大乘论》，立种子从熏习（vāsanā）而有的新熏说，如《摄大乘论本》卷上（大正三一·一三六中——下）说：

"云何一切种子异熟果识为杂染因，复为出世能对治彼净心种子？又出世心，昔未曾习，故彼熏习决定应无，既无熏习，从何种生？是故应答：从最清净法界等流，正闻熏

① 《瑜伽师地论》卷二一（大正三〇·三九五下）。
② 《大乘庄严经论》卷一（大正三一·五九四中——下）。

习种子所生。……此闻熏习，随在一种所依转处，寄在异熟
识中，与彼和合俱转，犹如水乳，然非阿赖耶识，是彼对治种
子性故。"

依《摄论》说，依止阿赖耶识的内种子，一定是从熏习而有
的，所以说："外（种子）或无熏习，非内种应知。"①佛菩萨的无
漏功德，是出世心，一定是从种子生的。众生从无始以来，不曾
有过无漏清净法现行，也就不可能有熏习所成的无漏种子；没有
无漏种子，最初的出世无漏清净心，从哪里生起呢？《摄论》说，
是从"最清净法界等流，正闻熏习种子所生"的。佛尽离一切
障，所以佛证无漏法界是最清净的。从佛自证的最清净法界，应
机而流出的"经等教法"，在四种圆成实自性中，名为"生此境清
净，谓诸大乘妙正法教。由此法教清净缘故，非遍计所执自性；
最净法界等流性故，非依他起自性"②。佛的教法，从佛自证法
界等流而有的。众生听闻正法的耳识与意识虽是有漏的世间
心，但听闻正法教，能在众生心中引发趣向清净出世的动力，所
以正闻熏习所成的，名为正闻熏习种子。正闻熏习力渐渐增盛，
能生无漏出世心。三乘的无漏功德，都从正闻熏习生，所以虽本
来没有无漏种子，而清净无漏法却有缘而能够生起。正闻熏习
是寄在阿赖耶识中的，依阿赖耶而有对治阿赖耶识的作用，所以
不是阿赖耶识自性，是圆成实自性所摄，法身、解脱身所摄。唯
识学对出世无漏法的生起，有本有说、新熏说二流（《成唯识论》

---

① 《摄大乘论本》卷上（大正三一・一三五中）。
② 《摄大乘论本》卷中（大正三一・一四〇中）。

综合而加以会通），而都是以种子为种性的，约不定种性而说会三归一的。

与《摄大乘论》相契合的，是《瑜伽师地论》的《摄决择分》，如卷五二（大正三〇·五八九上——中）说：

> "诸出世间法，从真如所缘缘种子生。"

> "若于通达真如所缘缘中，有毕竟障种子者，建立为不般涅槃法种性补特伽罗；若不尔者，建立为般涅槃法种性补特伽罗。若有毕竟所知障种子，布在所依，非烦恼障种子者，于彼一分建立声闻种性补特伽罗，一分建立独觉种性补特伽罗。若不尔者，建立如来种性补特伽罗。"

> "若出世间诸法生已，即便随转，当知由转依力所任持故。然此转依与阿赖耶识，互相违反，对治阿赖耶识，名无漏界，离诸戏论。"

种子与种性，《瑜伽论》是作为同一内容的，但种性约能生无漏功德法说。能生无漏出世间法的，是般涅槃法种性，就是三乘圣种性；不能生起无漏出世法的，是不般涅槃种性，也就是无种性人。出世间法从什么种子生起呢？"从真如所缘缘种子生"，与《摄论》的"从最清净法界等流正闻熏习种子所生"，意义是相通的。《摄论》约大乘种性说；大乘的正法教，是最清净法界等流，圆成实性所摄。大乘法教是"生此能证菩提分法所缘境界"①，所以名为"生此境清净"，这就是"从真如所缘缘"的意

---

① 《摄大乘论释》卷五（大正三一·三四四上）。

义。从听闻大乘法教,成闻熏习种子,渐渐增胜而能引生无漏出世间法,闻熏习——真如所缘缘种子,不属于阿赖耶识,而能对治阿赖耶识,与法界(真如)相应,名无漏界。依《摄论》,这是法身、解脱身所摄的。《瑜伽师地论》卷八〇(大正三〇·七四七下)又说:

> "诸阿罗汉实有转依,而此转依与其六处,异不异性俱不可说。何以故?由此转依,真如清净所显,真如种性,真如种子,真如集成,而彼真如与其六处,异不异性俱不可说。"

三乘圣者的般涅槃,是以转依为体的。舍杂染分而转化为清净分;离遍计所执性,舍杂染依他起性,体悟圆成实性而得依他起性清净分,名为转依。从法界等流而起的闻熏习,使杂染力减而清净功能增长,也可以名为转依——"损力益能转",但主要是体悟真如,出世无漏心现前,到达究竟清净。所以《论》上说:转依是"真如清净所显",以离垢真如为体的;"真如种性"(tathatā-gotraka)、"真如种子"(tathatā-bījaka),以真如所缘缘而熏成圣种性的;"真如集起",依真如而集成一切功德的。转依是离一切戏论的,不离有情自体——六处,也不就是六处,所以不是名相分别所能拟议的。

瑜伽唯识学者以种子来解说种性,与如来藏学不同。然推究起来,《瑜伽论·本地分》的本性住种——本有无漏种子,实在就是"一切众生有如来藏";对当时大乘经的如来藏说,从缘起论的立场给以善巧的解说,以种子来解说种性。如《瑜伽师地论》说①：

> 1.“今此种姓以何为体？答：附在所依有如是相，六处所摄，从无始世展转传来，法尔所得。”（《瑜伽师地论·声闻地》）
>
> 2.“谓诸菩萨六处殊胜，有如是相，从无始世展转传来，法尔所得，是名本性住种。”（《瑜伽师地论·菩萨地》）

无漏种子是附在所依中的，种子是能依（āśrita），有情自体——六处是所依（āśraya）。《菩萨地》的异译，《菩萨善戒经》译作：“言本性者，阴界六入次第相续，无始无终，法性自尔，是名本性。”②“六处殊胜”，后代唯识学者解说为第六意处——阿赖耶识（ālayavijñāna），其实只是（五）阴（六）界六入（处）的简说。阴界六入是有情自体，在阴界六入——有情身中，是旧义；在阿赖耶识中，是唯识学的新义。为什么名为阿赖耶识？《解深密经》以为：“由此识于身，摄受藏隐，同安危义故。”③“身”是根身六处的总名，阿赖耶识与“身”是不相离的，所以古义的依附（阴界）六处，唯识学中转为依附阿赖耶识，只是着重本识，而不是与依附六处相违反的。能生无漏法的种性，在有情身中——六处或阴界六处中，与如来藏说是相同的，如说④：

---

① 1.《瑜伽师地论》卷二一（大正三〇·三九五下）。2.《瑜伽师地论》卷三五（大正三〇·四七八下）。

② 《菩萨善戒经》卷一（大正三〇·九六二下）。

③ 《解深密经》卷一（大正一六·六九二中）。

④ 1.《无上依经》卷上（大正一六·四六九中）。2.《胜天王般若波罗蜜经》卷三（大正八·七〇〇下）。《大般若波罗蜜多经》（第六分）卷五六九（大正七·九三六下）。3.《入楞伽经》卷三（大正一六·五二九中）。

1."云何如来为界不可思议？阿难！一切众生有阴界入，胜相种类，内外所现，无始时节相续流来，法尔所得至明妙善。"(《无上依经》)

2."云何法性不可思议？佛言：大王！在诸众生阴界入中，无始相续，所不能染，法性体净。"(《胜天王般若经》)

"如来法性，在有情类蕴界处中，从无始来展转相续，烦恼不染，本性清净。"(《大般若经》)

3."如修多罗说：如来藏自性清净，具三十二相，在于一切众生身中，为贪嗔痴不实垢染，阴界入衣之所缠裹。"(《入楞伽经》)

如来藏——如来界，如来性在有情的蕴界处中，为无漏功德法的根源，是如来藏契经的本义。印度的《奥义书》中说："识所成我，梵也。……识为一切之因，识者梵也"；"依名色而开展，我入于名色而隐于其中"①。梵我——识入于名色中，不就是"如来藏自性清净，……入于一切众生身中"吗②？如来藏我，是深受印度神学影响的。唯识学者没有忘却佛法的根本立场，所以以生灭相续的种子，说本有的无漏功能，以阿赖耶妄识，说识与根身藏隐同安危，巧妙地解说了如来藏我，而脱却了如来藏我的神学色彩，这就是唯识学的种性说。

一切众生本有无漏种子，而无漏种子非虚妄分别识自性，多少还有本有如来藏的形迹。也许为了这样，《瑜伽论·摄决择

①　《爱陀赖耶奥义书》(三·三)。《布列哈德奥义书》(一，四，七)。
②　《楞伽阿跋多罗宝经》卷二(大正一六·四八九上)。

分》、《摄大乘论》改取了新熏说。但新熏无漏种，是"法界等流闻熏习"，"真如所缘缘种子"，"真如种子"，与法界及真如，有了不可离的关系。在唯识学中，真如是有情、菩萨、如来的真实我体，那新熏的无漏法种，又有了依"我"而现起的意义。在后期大乘时代，唯心论而要泯绝梵我论的影响，也真还不容易呢！

第三节　真谛所传的如来藏说

真谛所译的论书不少，以世亲《摄大乘论释》为主，被称为摄论宗。传摄论学的，有靖嵩与昙迁二大系。靖嵩是亲承真谛的法泰弟子。靖嵩的弟子，一、法护，与玄奘的新译，"奄然符会"①。二、道因，参与玄奘的译场，"奘师偏奖赏之，每有难文，同加参酌"②。靖嵩系，是接近唯识宗的。昙迁是地论师昙遵的弟子，到南方来，得到了《摄大乘论释》，大加赞赏。后来在北地弘扬《摄论》，受到地论师的赞同③，这是近于地论师的。真谛所传的，以《摄大乘论释》为主，与印度后期完成的，玄奘所宗的《成唯识论》，见解上应有多少不同，但真谛的译典，如《摄大乘论释》（简称陈译），与隋达摩笈多、唐玄奘所译的《摄大乘论释》（简称隋译、唐译），互相比对起来，显然有了增饰的成分。从翻译来说，真谛译是不够忠实的，然在思想上确有独到处，这里择要地加以论述。

---

① 《续高僧传》卷一三（大正五〇·五三〇下）。
② 《宋高僧传》卷二（大正五〇·七一七中）。
③ 《续高僧传》卷一八（大正五〇·五七二下）。

一、如来藏学与瑜伽学的糅合：真谛学的主要特色，是将《宝性论》的如来藏说与瑜伽学的阿赖耶说结合起来，在真谛译书中，是可以充分证明的。如《佛性论》四分中，前二分是《缘起分》与《破执分》；后二分是《显体分》与《辩相分》，可说是《宝性论·如来藏品》的解说。《显体分》是阐明佛性体性的，先立"三因品"，明"三因与三种佛性"，如《论》卷二（大正三一·七九四上）说：

> "三因者，一、应得因，二、加行因，三、圆满因。应得因者，二空所现真如；由此空故，应得菩提心及加行等，乃至道后法身，故称应得。加行因者，谓菩提心；由此心故，能得三十七品、十地、十波罗蜜助道之法，乃至道后法身，是名加行因。圆满因者，即是加行；由加行故，得因圆满及果圆满。"

《佛性论》的三因说，是参照《瑜伽论·菩萨地》的三持而改写的，如《瑜伽论》说："云何名持？谓诸菩萨自乘种性，最初发心，及以一切菩提分法，是名为持。"持（ādhāra）是所依止、所建立的意义，也就是因（hetu）。菩萨的自乘种性，是菩萨的堪任性持；初发菩提心，是菩萨行加行持；一切所行菩提分法，是菩萨所圆满的大菩提持①。三持与《佛性论》的三因次第相同，但《佛性论》改《瑜伽论》的种性（gotra）——种子（bīja）为真如（tathatā），真如为如来藏别名。由于以真如性为应得因，所以说："应得因中具有三性：一、住自性性（不净位），二、引出性（净不净位），

---

① 《瑜伽师地论》卷三五（大正三〇·四七八中）。

三、至得性(清净位)。"①这样,《瑜伽论》的三持说,成为如来藏说的三因三佛性了。

《佛性论》次立《三性品》,是瑜伽学所立的三自性与三无性,引此以作融会如来藏学的理论依据。

次立《如来藏品》,是正面说明如来藏的名义,如《佛性论》卷二(大正三一·七九五下——七九六上)说:

> "如来藏义有三种应知?何者为三?一、所摄藏,二、隐覆藏,三、能摄藏。"

> "一、所摄名藏者,佛说约住自性如如,一切众生是如来藏。言如者,有二义:一、如如智,二、如如境,并不倒故名如如。言来者,约从自性来来至至得,是名如来。……一切众生悉在如来智内,故名为藏。以如如智称如如境,故一切众生决无有出如如境者,并为如来之所摄持,故名所藏众生为如来藏。……由此(佛)果能摄藏一切众生,故说众生为如来藏。"

> "二、隐覆为藏者,……如来性住道前时,为烦恼隐覆,众生不见,故名为藏。"

> "三、能摄为藏者,谓果地一切过恒沙数功德,住如来应得性时,摄之已尽。"

《佛性论》的三藏说,与《宝性论》所说,如来藏有三义相当。一、所摄藏:佛"果能摄藏一切众生","一切众生悉在如来智

---

① 《佛性论》卷二(大正三一·七九四上)。

内"——众生为如来所摄藏,是《宝性论》第一"法身遍众生"义。

三、能摄藏:如来应得性,约没有发心以前的众生说。在众生位,已经摄尽了"果地一切过恒沙数功德",是《宝性论》第二"众生有如来种性"义。上二义,与《宝性论》说相同,但二,隐覆为藏义,约烦恼隐覆如来性(界)说,与《宝性论》第三"真如无差别"义不合。《佛性论》为什么不同? 不能不说是受了《摄大乘论》的影响。无著的《摄大乘论》,引"无始时来界"偈,"由摄藏诸法"偈,然后解说阿赖耶(或译为阿梨耶、阿罗耶)识名为阿赖耶(藏)的意义说:"一切有生杂染品法,于此摄藏为果性故;又即此识于彼摄藏为因性故,是故说名阿赖耶识。或诸有情摄藏此识为自我故,是故说名阿赖耶识。"①阿赖耶识有摄藏为因性、摄藏为果性、摄藏为自我性——三义,《成唯识论》引申说:"此识具有能藏、所藏、执藏义故。"②《佛性论》以三藏解释如来藏,是比合阿赖耶三藏的。在能摄藏、所摄藏以外,隐覆藏与执藏是富有共同性的。

从《佛性论》的《显体分》,可以明确地看出,真谛是以瑜伽学所说的,去解说、比附、充实如来藏学。而在无著、世亲论,如《摄大乘论释》中,处处引入如来藏说,这是比对异译而可以明白的。真谛所传述的,只有把握这一特色,才能得出正确的见解。如以为真谛所传代表唯识古学,那是不能免于误解的!

二、阿梨耶识通二分:真谛所译的无著《摄大乘论》,引《阿毗达磨大乘经》的"此界无始时"偈,证明阿梨耶识体;又引"诸

---

① 《摄大乘论本》卷上(大正三一·一三三中)。
② 《成唯识论》卷二(大正三一·七下)。

法依藏住"偈,说明名为阿梨耶识的理由。引证了二偈,然后
说:"一切有生不净品法,于中隐藏为果故,此识于诸法中隐藏
为因故。复次,诸众生藏此识中,由取我相故,名阿黎耶识。"①
这段论文,与隋、唐译本是一致的,也就是果报种子阿梨耶识为
依止说。然在陈译的《摄大乘论释》中,增入了初偈的解说,如
《论释》卷一(大正三一·一五六下)说:

> "此,即此阿黎耶识;界,以解为性。此界有五义。"

"界有五义",真谛译引《胜鬘经》说,而给以一一的解说,这
是如来藏为依止说。这样,阿梨耶识有二分:与"有生不净(即
杂染)品法"互为因果的"果报种子"性,及清净的"解性"。"此
界无始时"的"界",是"因义",是一切法的所依止。在大乘佛法
中,有二类不同的所依说,如《瑜伽论·本地分》说:"心,谓一切
种子所随依止性,所随依附依止性,体能执受,异熟所摄阿赖耶
识。"②有漏的杂染种,依附的无漏清净种,都以阿赖耶识——心
为所依止。异熟一切种的阿赖耶识为一切法依止,是瑜伽学系
的根本立场,这是兴起于印度北方的阿赖耶识为依说。还有,如
《胜鬘经》、《不增不减经》等,说如来藏为依止而有生死、涅槃,
这是兴起于印度南方的如来藏为依说。基本立场是不同的,
《成唯识论》曾给以解说:"一、持种依,谓本识,由此能持染净法
种,与染净法俱为所依,圣道转令舍染得净。……二、迷悟依,谓

---

① 《摄大乘论》卷上(大正三一·一一四上)。
② 《瑜伽师地论》卷一(大正三〇·二八〇中)。

真如,由此能作迷悟根本,诸染净法依之得生,圣道转令舍染得净。"①这二大系,思想体系是不同的,而真谛在"果报种子"梨耶外,别立"解性梨耶",综合了这二大系。这不是真谛的自出机杼,是多少有依据的,如宋译《楞伽经》,处处说"如来藏藏识心",将如来藏与藏(阿赖耶)识统一起来了。

真谛译《摄大乘论释》卷一四(大正三一·二五四下)说:

> "灭不净品尽,证得法身,名为清净法。云何得此清净法? ……对治起时,离本识不净品一分,与本识净品一分相应,名为转依。"

这也是阿梨耶识二分说。第八阿梨耶识,重在"异熟"性,所以到了阿罗汉位,就舍去阿梨耶的名称。也许为了这点,真谛多用"本识"一词,代表第八识。本识有不净(杂染)品一分,清净品一分,虽与前一说不完全相同,但都是本识有二分。真谛的第八识通二分说,应该是受到《摄大乘论》的启发。如《摄大乘论本》卷中(大正三一·一三九下)说:

> "依他起略有二种:一者,依他熏习种子而生起故;二者,依他杂染清净性不成故。由此二种依他别故,名依他起。"

"依他熏习种子而生起",是一般常说的依他起,阿赖耶识为种子而生起的。"依他杂染清净性不成"——不一定杂染,也不一定清净;随分别染缘而成为杂染,随无分别净缘而成为清

---

① 《成唯识论》卷一〇(大正三一·五五上)。

净,不自成而依他的定义,是《摄大乘论》所有的特义。《摄大乘论》说到三自性,"非异非不异";又"由异门,依他起自性有三自性"①。对于三自性,不但说明三自性的差别相,更着重三自性的关联,从依他起自性而统摄三性。这一独到的见解,是本于《阿毗达磨大乘经》的,如《摄大乘论本》卷中(大正三一・一四〇下)说:

"阿毗达摩大乘经中,薄伽梵说:法有三种:一、杂染分,二、清净分,三、彼二分。"

"依何密意作如是说? 于依他起自性中,遍计所执自性是杂染分,圆成实自性是清净分,即依他起是彼二分:依此密意作如是说。于此义中,以何喻显? 以金、土、藏为喻显示。譬如世间金土藏中,三法可得:一、地界,二、土,三、金。于地界中,土非实有而现可得,金是实有而不可得;火烧炼时,土相不现,金相显现。又此地界土显现时,虚妄显现;金显现时,真实显现,是故地界是彼二分。识亦如是,无分别智火未烧时,于此识中,所有虚妄遍计所执自性显现,所有真实圆成实自性不显现。此识若为无分别智火所烧时,于此识中,所有真实圆成实自性显现,所有虚妄遍计所执自性不显现。是故此虚妄分别识依他起自性,有彼二分,如金、土、藏中所有地界。"

土、金、藏比喻中,解说为地界的"藏",就是矿藏,如《摄大

① 《摄大乘论本》卷中(大正三一・一三九中、一四〇上)。

乘论释》说:"界者谓因,是一切法等所依止,现见世间于金矿等说界名故";"此中藏者,是彼种子"①。界藏,比喻通二分的依他起自性。无分别火没有烧炼以前,遍计所执自性显现,如只见土相。遍计所执自性是非有的,所以是虚妄。在无分别智火烧炼以后,圆成实自性显现,如土相消失而金现显现。圆成实自性是有的,所以是真实。依这一意义说,依他起自性是虚妄而又真实的。虚妄遍计所执性显现,圆成实性不显现,那是杂染分——生死;虚妄遍计所执性不显现,圆成实性显现,就是清净分——涅槃。杂染与清净,生死与涅槃,都是依依他起自性而为转移,所以说依他起通二分。这正是《摄大乘论本》的转依义,如卷下(大正三一·一四九上)说:

> "诸凡夫覆真,一向显虚妄;诸菩萨舍妄,一向显真实。应知显不显,真义非真义,转依即解脱,随欲自在行。"

约三自性说,依依他起而安立三性,依他起性有二分。如约唯识说:依他起自性,是"三界心心所,是虚妄分别"②。心所是依心识所生的;一切识中,一切种子阿赖耶识为一切法所依。所以,世亲《释论》解说依他起为"虚妄分别识依他起自性"。识等于依他起自性,是各种译本所一致的。在土、金、藏譬喻中,玄奘所译的"此识",陈译作"本识",指阿梨耶识。以阿梨耶识来解说"界藏",至少是可以这样说的。那么虚妄分别的种子识,在

---

① 《摄大乘论释》卷一(大正三一·三二四上),又卷五(大正三一·三四五中)。

② 《辩中边论》卷上(大正三一·四六五上)。

众生位,虽现起杂染生死而不见清净真实,而种子识的本性是有清净真实分的。真谛的别立"解性梨耶",不正是说明这通二分的意义吗?"解性梨耶"是解说如来藏的,应该是解脱性,也就是心真如性,合于无著、世亲的论义。如解说为知解、胜解性,那就与无著、世亲义不合,近于《起信论》的"本觉"了。至于所说的"本识清净分",是清净依他起,指无漏有为功德说。

三、如来藏我:《摄大乘论释》卷六(大正三一·一九一下)说:

> "由是法自性本来清净,此清净名如如,于一切众生平等有,以是通相故。由此法是有故,说一切法名如来藏。"

如如或译真如,是一切法的通相——共相,本性清净,一切众生平等不二,所以说"一切法名如来藏"。依真如无差别说如来藏,是世亲释三种译本所一致的。真谛又采用了《宝性论》的如来藏说,如《佛性论·显体品》,如来藏有三藏义,结合瑜伽学而多少与《宝性论》不同,但《无变异品》中说:"此九譬为三:初三譬法身,次一譬如如,后五譬佛性(佛种性)。"[①]所说如来藏九喻,譬喻法身、真如、种性,与《宝性论》相同。

陈译《摄大乘论释》卷一(大正三一·一五六下——一五七上)说:

> "界以解为性,此界有五义。"

阿梨耶识"界,以解为性,此界有五义",是依《胜鬘经》而解

---

① 《佛性论》卷四(大正三一·八〇八上)。

说的。《胜鬘经》的五藏，《宝性论》也引用了。但《宝性论》梵本，仅如来藏、出世间藏、自性清净藏——三名。汉译本作："如来藏者，是法界藏，（出世间）法身藏，出世间上上藏，自性清净法身藏，自性清净如来藏。"①陈译所引用的五藏，与《胜鬘经》相合。真谛译三次引用了五藏义：一、《摄大乘论释》卷一，引来解说"一切法依止"的"界"②。二、《摄大乘论释》卷一五，引五义来解说"法身含法界五义"③。三、《佛性论》卷二，引五义来解说如来藏"自体"的"如意功德性"④。三说大致相同，也有多少差别。大意是：1. 如来藏，藏是体类（自性）义：一切法以无（二）我为性——如性，一切众生不出于真如无差别性。2. 法界藏，藏是因义：一切圣人的无漏法，都缘法界而生起。3. 法身藏，藏是生义：一切圣人所得的法身，由于信乐界性而得成就。《摄论释》卷一五解说为：由于虚妄法所隐覆，所以凡夫、二乘都不见法身。这是"藏义"，与如来藏三藏中的"隐覆藏"相同。《佛性论》所说又不同，也是约佛法身说的，但说佛性的成就佛果，所以说"至得是其义"。法身藏的解说，是五义中最不一致的。4. 出世间藏，藏是真实义：出世间法，不像世间（有为）法那样的可以破坏，可以灭尽，这正是（说出世部）世间法虚妄、出世法真实的见解。5. 自性清净藏，藏是藏（甚深，秘密）义：如与（如来）界相应的，自性成为善净的；如与界不相应，名为外，自性成为不

---

① 《究竟一乘宝性论》卷四（大正三一·八三九上）。

② 《摄大乘论释》卷一（大正三一·一五六下）。

③ 《摄大乘论释》卷一五（大正三一·二六四中）。

④ 《佛性论》卷二（大正三一·七九六中）。

善净的(烦恼)觳;自性清净是甚深秘密而难以了知的。真谛所说的如来藏,是随顺《宝性论》说的①。但瑜伽学本义,是以真如解说如来藏的,在陈译《摄大乘论释》中,也还保留这一定义。

《宝性论》与瑜伽学,没有说众生身中的如来藏,就是我(ātman),真谛学也是这样。如来法身中有"我"德,我是离外道的神我执,也不著声闻的无我;一切法无我性,如离二障而证法身时,名为大我,这是无我之我。《佛性论》所说,与《宝性论》等相同②。

四、转依:转凡夫为圣人,转杂染为清净,转生死为涅槃,转烦恼为菩提,是修学佛法的目的。假使只是舍去这部分,得到那部分,就不能说明从凡入圣之间的关联性,所以提出了转依一词。在生死还灭的转化中,有统一的依止,依止的杂染分,成为清净分。瑜伽学立阿赖耶识为一切法的所依,如来藏学立如来藏为所依止,都是为了转依,这是后期大乘的共同倾向。但以阿赖耶异熟种子识为依,重于杂染的;转杂染熏习为清净熏习,转化中本来清净的真如的体现,说明上是难得圆满的。以如来藏为依,重于清净本有的;依此而能起杂染,也是难得说明圆满的。《摄大乘论》与《摄决择分》,提出了依他起通二分说。在依他起通二分中,真谛依阿赖耶种子界及心真如界为依止;不违反瑜伽学的定义,总摄种子与真如——二依止于同一"识界",实为一

---

① 《究竟一乘宝性论》卷四(大正三一·八三九上——中)。《显识论》所说"所言性者,自有五义",与五义相同,但第一"自性种类义"不同(大正三一·八八一下——八八二上)。

② 《佛性论》卷二(大正三一·七九八下——七九九中)。《究竟一乘宝性论》卷三(大正三一·八二九下——八三〇下)。

极有意义的解说！

转依，论书所说的，各有着重点，《成唯识论》综合而分别为四种：一、能转道；二、所转依，有染净依与迷悟依二类；三、所转舍，四、所转得，又有所显得的大般涅槃，所生得的大菩提①。《成唯识论》所说，极为完备！但对《摄大乘论》依他起通二分的转依说，不免忽略了！"转依"这一术语，可能是瑜伽学者所安立的。起初，转依是转生死为涅槃，阿罗汉与如来的究竟体证。因为，《瑜伽师地论·本地分》是普为三乘的，所说的大乘"菩萨地"，没有如来藏经典的色彩。说到转依，如《瑜伽师地论》卷五〇（大正三〇·五七七中——下）说：

> "与一切依不相应，违背一切烦恼诸苦流转生起，转依所显真无漏界。……由此清净真如所显，一向无垢，是名无损恼寂灭。"

《论》说无余依涅槃界是"转依所显"，"清净真如所显"，所以无余依涅槃界"唯余清净无为离垢真法界在"②。《瑜伽论·摄决择分》中说得更为明显，如《论》卷八〇（大正三〇·七四七下——七四八上）说：

> "阿罗汉实有转依（体），而此转依与其六处，异不异性俱不可说。何以故？由此转依，真如清净所显，真如种性，真如种子，真如集成，而彼真如与其六处，异不异性俱不

---

① 《成唯识论》卷一〇（大正三一·五四下——五七上）。
② 《瑜伽师地论》卷八〇（大正三〇·七四八上）。

可说。"

"世尊依此转依体性，密意说言：遍计自性中，由有执无执，二种习气故，成杂染清净，是即有漏界，是即无漏界。是即为转依，清净无有上。"

无余依涅槃，是三乘所共的。转依与六处，是不能说异，不能说不异的。因为转依是清净真如所显的，真如与六处不能说异不异，所以转依与六处也不能说异不异了。偈颂所说，与《摄大乘论》说相同。于依他起自性而有所执，成遍计所执种子——杂染习气；依杂染习气而生依他起杂染分，立为遍计所执自性。如于依他起而不起执著，成清净习气，起无漏功德，能显真如离垢清净，立为圆成实自性。阿赖耶为杂染种子依，是有漏界；离垢真如——法界为清净种子依，就是无漏界①。偈颂所说转依，似乎是转杂染种子依为清净种子依，而佛意在以真如离垢清净为转依体。转依是常，是有，是乐，无戏论相，善清净法界为相②。

《瑜伽论》所说的"菩萨地"与转依，是普为三乘的。所说的菩萨法是初期大乘的，后期的如来藏思想还没有被注意。依"菩萨地"品目次第而造的《大乘庄严经论》，已接触到如来藏说，并在《瑜伽论》的思想体系上方便地给予会通了。《大乘庄严经论》的内容极为广大！广说唯识所现，观唯识现而证入的次第以外，融会了如来藏说。《菩提品》说到转依相："二障种恒

① 《瑜伽师地论》所引经偈，也见于《显扬圣教论》卷一六，并有解说（大正三一·五五九下）。《三无性论》卷下（大正三一·八七四中——下）。

② 《瑜伽师地论》卷八〇（大正三〇·七四八中）。

随,彼灭极广断;白法圆满故,依转二道成。"①《论》以为:转依是永灭二障种子,最上的白法圆满。这是以菩提为转依体,从转舍二障种子,成就二种出世智道而转得的。又在"诸佛法界清净"性说:"二障已永除,法如得清净,诸物及缘智,自在亦无尽。"②离二障所显的清净真如,就是无漏(法)界。不只是离障清净,也是事物与所缘、智慧,都是无穷无尽,自由自在的。《庄严经论》所说,显然与《宝性论》有关的,如《究竟一乘宝性论》卷四《菩提品》(大正三一·八四一上、中)说:

> "实体者,向说如来藏不离烦恼障所缠,以远离诸烦恼,转身得清净。……因者,有二种无分别智,……偈言得故。果者,即依此得得证智果,是名为果,偈言远离故。"

> "佛功德无垢,常恒及不变,不分别诸法,得无漏真智。"

菩提的自性(实体),是如来藏的转依而得清净,这由于远离二障,得二智而成就。这与《庄严经论·菩提品》以"得"及"舍"来说明,是一致的。然如来藏学,如来藏有三义,而瑜伽学但约真如无差别说。种性约如来藏本有功德说,而瑜伽学约种子说。如说远离二障,《庄严经论》说"二障种恒随,彼灭极广断",《宝性论》与《佛性论》却都没有说种子。依如来藏学,转依成佛,只是具足一切功德的如来藏,离烦恼而圆满显现,所以佛德是常住无为的,如《胜鬘经》说是灭谛。真谛在如来藏学中,

---

① 《大乘庄严经论》卷三(大正三一·六〇二下)。
② 《大乘庄严经论》卷三(大正三一·六〇六上)。

也是这样,如《佛性论》卷三(大正三一·八〇二下——八〇三上)说:

> "如来转依法身,已度四种生死故,一切烦恼虚妄已灭尽故,一切道已修故,弃生死、舍道谛故,此二无四德故,唯法身独住四德圆满故。"

在转依法身中,依之能得转依的道,也被弃舍;道是有为而法身唯是无为灭谛①。然在瑜伽学中,真如是无为,而"正智"是有为,是依他起,是道谛。在安立中,佛果是有有为、无为功德的。

真谛在《佛性论》中,虽多少引入瑜伽学,而关于如来藏、转依的说明,还是与《宝性论》一致的。在《摄大乘论释》及《决定藏论》中,虽多少引入如来藏学,而大意还是顺于无著、世亲《论》的。大乘的究竟转依在佛位,然转依一词,可通于声闻及菩萨位。如《瑜伽师地论》卷五一《摄决择分》(大正三〇·五八一下)说:

> "修观行者,以阿赖耶识是一切戏论所摄诸行界故,略彼诸行,于阿赖耶识中总为一团、一积、一聚;为一聚已,由缘真如境智修习多修习故,而得转依。转依无间,当言已断阿赖耶识。"
>
> "阿赖耶识体是无常,有取受性;转依是常,无取受性,

---

① 《究竟一乘宝性论》卷二说:"有道,有为相摄;若为有为相所摄者,彼法虚妄。……若虚妄者,彼法非实;若非实者,彼非真谛;非真谛者,即是无常;若无常者,非可归依。"(大正三一·八二六中)与《佛性论》同。

缘真如境圣道方能转依故。"

"又阿赖耶识是烦恼转因,圣道不转因;转依是烦恼不转因,圣道转因。应知但是建立因性,非生因性。"

真谛异译的《决定藏论》也是这样说,不过将转依译作阿摩罗识①。转依,是经修行,使依阿赖耶识的杂习种子灭;杂染种子灭,一切业、苦也灭,杂染依止的阿赖耶识也灭。《瑜伽论》普为三乘,所以阿赖耶识灭,是二乘的阿罗汉,不退菩萨及如来②。这是转舍转灭阿赖耶识依,而转得的转依是离垢真如,所以说:"转依究竟远离一切所有粗重。……转依是圣道转因。"圣道因,就是真如异名的法界。法界的意义正是:"由圣法因义,说为法界,以一切圣法缘此生故。"③

真谛所传,是以《摄大乘论》为主的。转依的本义,是究竟解脱的,阿罗汉与如来的圣证。但说明转依,主要是现实界——依他起性或阿赖耶为种子的转舍,理想界——圆成实性真如的转显。杂染种子是渐渐舍灭的,清净真如是分分显现的,两者有对应的关系,所以《摄大乘论》有六位转依的安立,说明转依的渐次究竟。六位是:一、增力益能转;二、通达转;三、修习转;四、果圆满转;五、下劣转;六、广大转。后二类,是小乘与大乘的转依差别;前四位,是菩萨趣入佛位的次第转依。《摄大乘论》重视闻熏习,作为成佛的种子,所以在没有体悟真如以前,由于闻

①　《决定藏论》卷上(大正三〇·一〇二〇中)。

②　《瑜伽师地论》卷五一(大正三〇·五八二上)。《决定藏论》卷上(大正三〇·一〇二〇下)。

③　《辩中边论》卷上(大正三一·四六五下)。

熏习的渐渐增上,使烦恼部分不起,也就称为转依——损力益能转。通达转是初地以上,已经是虚妄不显现,真实显现了。修习转是七地以上,能"一切相不显现,真实显现",不过所知障种子还没有断尽。果圆满转是佛位,"最清净真实显现,于一切相得自在"①。《摄论》大乘转依的四位安立,不但是舍虚妄而显真实,并有减舍杂染习气,增益清净习气的意义。

闻熏习是生起出世心,转依的关键所在。在从凡入圣的历程中,闻熏习是怎样的呢?陈译《摄大乘论》卷上(大正三一·一一七上)说:

> "此闻慧种子,以何法为依止? 至诸佛无上菩提位,是闻慧熏习生,随在一依止处,此中共果报识俱生。"

> "此闻熏习虽是世间法,初修观菩萨所得,应知此法属法身摄;若声闻、独觉所得,属解脱身摄。"

闻熏习,从初熏习起,到成佛为止,虽与阿梨耶(果报)识的性质相反,却依附阿梨耶识,与阿梨耶识俱生俱灭,这应该要阿梨耶识灭尽,闻熏习才与阿梨耶识相分离。但《摄论》又说:闻熏习是法身、解脱身所摄的。法身与解脱身,都是以真如清净所显为体。所以在生死相续中,闻熏习虽与阿梨耶识俱生,而约闻熏习属圆成实性说,这又是属于真如的。因此,陈译《摄大乘论释》卷三(大正三一·一七五上)说:

---

① 《摄大乘论本》卷下(大正三一·一四八下)。参阅《成唯识论》卷一〇(大正三一·五四下)。《三无性论》卷下(大正三一·八七四下)。

"由本识功能渐减,闻熏习等次第渐增,舍凡夫依,作圣人依。圣人依者,闻熏习与解性和合,以此为依,一切圣道皆依此生。"

凡位与圣位,陈译《摄大乘论释》这样说:"菩萨有二种:一、在凡位,二、在圣位。从初发心,讫十信以还,并是凡位;从十解以上,悉属圣位。"①"菩萨有二种,谓凡夫、圣人。十信以还是凡夫,十解以上是圣人。"②十解,就是十住位。依真谛所传,从十解以上的菩萨就是圣者,因为"此人我执,前十解中已灭除故,唯法我未除"③。十解位菩萨,已灭除人我执,能悟入人空真如,就到达圣位。从凡入圣,就转舍阿梨耶识(中我执)——凡夫依,转得我空真如性。"圣人依",是闻熏习与解性梨耶和合,也就是闻熏习依于梨耶的心真如性,成为一切圣道的生起因。

有关转依的说明,真谛不但说明佛果的道是有为法,更会通了如来藏学,如《摄大乘论释》卷三(大正三一·一七三下——一七四上)说:

"何法名法身?转依名法身。转依相云何?成熟修习十地及波罗蜜,出离转依功德为相。由闻熏习,四法得成:一、信乐大乘是大净种子;二、般若波罗蜜是大我种子;三、虚空器三昧是大乐种子;四、大悲是大常种子。常、乐、我、净是法身四德,此闻熏习及四法为四德种子。四德圆时,本

---

① 《摄大乘论释》卷三(大正三一·一七四下)。
② 《摄大乘论释》卷四(大正三一·一七七下)。
③ 《摄大乘论释》卷七(大正三一·二○二上)。

识都尽；闻熏习及四法，既为四德种子，故能对治本识。闻
熏习正是五分法身种子，闻熏习是行法，未有而有，五分法
身亦未有而有，故正是五分法身种子。闻熏习但是四德道
种子，四德道能成显四德。四德本来是有，不从种子生；从
因作名，故称种子。”

“本论”说：“是闻熏习下中上品，应知是法身种子”，“释
论”补充了这大段解说。信、般若、三昧、大悲，是能显如来藏的
因；常、乐、我、净，是如来藏的果德；并举阐提、外道、声闻、独
觉——四种障：这是《宝性论》所说的。现在说：闻熏习为因，能
生信等四法；四法是道，能显出法身四德，所以说闻熏习是法身
种子。然在《宝性论》中，是不立闻熏习的。这与《论释》所说
“若证法身果，则得净、我、乐、常四德果。净不与阐提等，我不
与外道等，乐不与声闻等，常不与独觉等”①，都是会入《宝性论》
义，与其他译本不同的。同时，闻熏习是行法——生灭法，能生
起五分法身——戒、定、慧、解脱、解脱知见，所以闻熏习也是五
分法身种子。五分中的戒、定、慧，修道时已有了，证果时更有解
脱、解脱知见。这样，闻熏习是有为的五分法身种子，也可说常
等四德法身种子贯通了如来藏学。

六种转依中的果圆满转，是佛位的圆满转依，如陈译《摄大
乘论释》卷一三（大正三一·二四八上）说：

“三德具足，名果圆满。已离一切障人，即是诸佛能得

---

① 《摄大乘论释》卷一四（大正三一·二五八上）。

此转。一切相不显现,即是断德,以一切相灭故。清净真如显现,即是智德,如理、如量智圆满故,谓具一切智及一切种智。至得一切相自在,即是恩德,依止一切相中所得自在,由得此自在,如意能作一切众生利益事。三德并以此转为依止。"

果圆满转,含有多种意义,所以约三德来解说。"清净真如显现,即是智德",以菩萨修二智圆满,转得一切智、一切种智来解说。如依其他译本,是说一切相不显现,所以清净真如显现①。真谛译似乎与《宝性论》的思想有关。《宝性论》的《菩提品》,说无漏法界中,远离一切垢得转依。全品以八义来说明,前四义是②:

　　　　转依自性——"净":离垢真如。

　　　　转依因———"得":二种无分别智为因。

　　　　转依果———"远离":远离二种障,得证果智。

　　　　转依业———"自他利":离障得无障碍清净法身;依彼二种佛身,得世间自在力行。

转依清净成菩提,自体只是离垢真如(如来藏出缠)。由二无分别智的修习,远离二障,得证果智。真如最清净显现,就是无障碍清净法身。这与陈译《摄论释》的"真如清净所显,即是智德",是相契合的。

五、阿摩罗识:在真谛所传的唯识学中,阿摩罗识是最特出

---

① 《摄大乘论释论》卷九(大正三一·三一二上)。《摄大乘论释》卷九(大正三一·三六九下)。

② 《究竟一乘宝性论》卷四(大正三一·八四一上——中)。

的！阿摩罗识，意译为无垢识。依《成唯识论》："或名无垢识，最极清净诸无漏法所依止故，此名唯在如来地有"；并引经说："如来无垢识，……圆镜智相应"①：这显然是如来所有的无漏第八识。如泛称善净无漏识为无垢识，地上无漏第六、第七识，也可说无垢识了。但"唯识宗"所说，与真谛所传的阿摩罗识的意义，都是不相合的。我以为：虚妄分别为自性的心识（根本是阿赖耶识）为依止，说明"一切法唯识所现"，开示转杂染为清净的转依，是弥勒、无著、世亲论所说的。但转依的内容，都没有说到"识"；可以见到的，反而是阿赖耶识，"阿罗汉位舍"②。《摄大乘论》说："谓转阿赖耶识，得法身故"；法身由五种自在而得自在，"五、由圆镜，平等，观察，成所作智自在，由转识蕴依故"③。《大乘庄严经论》说："如是种子转者，阿梨耶识转故。……是名无漏界。"④阿赖耶识与识蕴，被转舍了，在无漏法界中，还是生死杂染那样的有"识"吗？识是虚妄分别为自性的，转依而真实相显现，这也可以称为唯识吗？为了贯彻"一切法唯识"的原则，是真谛提出阿摩罗识的理由所在。如《转识论》（大正三一·六二中——下）说：

　　　"立唯识义，意本为遣境遣心，今境界既无，唯识又泯，即是说唯识义成也。"

　　　"问：遣境存识，乃可称唯识义，既境识俱遣，何识可

---

① 《成唯识论》卷三（大正三一·一三下）。
② 《唯识三十论》（大正三一·六〇中）。
③ 《摄大乘论本》卷下（大正三一·一四九下）。
④ 《大乘庄严经论》卷五（大正三一·六一四中）。

成？答：立唯识乃一往遣境留心，卒终为论，遣境为欲空心，是其正意。是故境识俱泯，是其（唯识）义成。此境识俱泯，即是实性，实性即是阿摩罗识；亦可卒终为论，是阿摩罗识也。”

“唯识”，一般是说“遣境存识”，“遣境留心”，也就是唯有内识，没有离心的外境。唯识无尘，表显出唯识的独到意义！“依识有所得，境无所得生”，正是唯识观的初门。《辩中边论》卷上（大正三一·四六五上）说：

“依识有所得，境无所得生——（遣境存识）；依境无所得，识无所得生——（境识俱泯）。”

“由识有得性，亦成无所得，故知二有得，无得性平等。”

境与识是相关的，境不可得，识也不得生，所以从识有境无到境识并泯，是唯识学中从虚妄分别而契入空性的方便次第。到了境识并泯，依《辩中边论》说：是空性、真如，这怎样还可以说唯识呢？为了解答这一疑难，所以说：“此境识俱泯，即是实性，实性即是阿摩罗识。”意思说：唯识的真正意义，不只是说明生死虚妄的唯识，而目的在境识并泯的实证。境识并泯的真如实性，就是阿摩罗识，这当然可以说唯识了。这一见解，《十八空论》（大正三一·八六四上）也说：

“明唯识真实，辩一切诸法唯有净识。”

“唯识义有两：一者，方便：谓先观唯有阿梨耶识，无余境界,现得境智两空,除妄识已尽,名为方便唯识也。二、明正观唯识:遣荡生死虚妄识心,及以境界一切皆净尽,惟有阿摩罗清净心也。"

论文辨二类唯识,主意在说明"一切诸法唯有净识"。一、方便唯识,是以阿梨耶识为种子性,为一切法依止而成立一切唯识的。修唯识观,达到境空、心空,也就是妄分别识不起。这是登地以前的唯识观,是方便唯识。二、正观唯识,无分别智现证真如,从登地到究竟清净,生死虚妄识心(阿梨耶识为根本)及一切境界,都转灭而为清净。称为正观唯识的,就是以阿摩罗净识为依的唯识说。从虚妄到真实,作两层唯识说,是真谛所传的一致说明,如《三无性论》卷上(大正三一·八七一下——八七二上)说:

"识如如者,谓一切诸行但唯是识。此识二义故称如如:一、摄无倒;二、无变异。(一)摄无倒者,谓十二入等一切诸法,但唯是识,离乱识外无别余法故,一切诸法皆为识摄。此义决定,故称摄无倒,无倒故如如,无倒如如未是无相如如也。(二)无变异者,明此乱识即是分别,依他似尘识所显;由分别性永无故,依他性亦不有,此二无所有,即是阿摩罗识。唯有此识独无变异,故称如如。"

"先以唯一乱识,遣于外境,次阿摩罗识遣于乱识故,究竟唯一净识也。"

《三无性论》解说识如如,也是分为两层的。外境、乱识并泯,是阿摩罗识,阿摩罗识是无变异的如如,显然是真如的别名。

在《决定藏论》中，玄奘译为转依的，真谛也译为阿摩罗识，如说："阿罗（梨）耶识对治故，证阿摩罗识"；"阿摩罗识是常，是无漏法；得真如境道故，证阿摩罗识"；"阿摩罗识作圣道依因，不作生因"（法界的意义）①。《论》上一再说"证阿摩罗识"，就是证得转依，转依以真如离垢为性。这与"实性即是阿摩罗识"；"阿摩罗识是无颠倒，是无变异，是真如如"②的意义，完全相合。说唯识而作二层说，陈译《摄大乘论释》也有相近的说明，如说："一切法以识为相，真如为体故。若方便道，以识为相；若入见道，以真如为体。"③以方便道、见道来分别解说，与《三无性论》等相同，只是称为真如，而没有称为阿摩罗识而已。

阿摩罗识是真如的异名，是无可怀疑的，如《十八空论》（大正三一·八六三中）说：

> "云何分判法界非净非不净？答：阿摩罗识是自性清净心，但为客尘所污，故名不净；为客尘尽故，故立为净。"

《十八空论》是《中边分别论》的部分解释。《中边分别论·相品》末"空成立义"说："不染非不染，非净非不净，心本清净故，烦恼客尘故。"④真如、法界等，是空的异名，在说明真如有杂垢与离垢时，不说真如或法界本净，而说"心本清净"。心本明净，约心真如说。《十八空论》说"阿摩罗识是自性清净心"，与

---

① 《决定藏论》卷上（大正三〇·一〇二〇中）。
② 《转识论》（大正三一·六二下）。《三无性论》卷上（大正三一·八七二上）。
③ 《摄大乘论释》卷七（大正三一·二〇〇上）。
④ 《中边分别论》卷上（大正三一·四五三上）。

上来所说，阿摩罗识是真如，意义是相合的。不过上来所说的阿摩罗识，约离垢清净说，这里约本性清净说。心自性清净，或译为自性清净心，如《庄严经论》说："不离心之真如，别有异心，谓依他相，说为自性清净。此中应知说心真如，名之为（自性清净的）心。"①可以说心真如为"心"，当然也可以称识真如为"识"了。在这样的意义下，真谛学立识的体性为阿摩罗识。在解说"此界无始时"的"界"时，是"此识为一切法因"，又说"阿梨耶识界以解为性"。从虚妄的唯识相，到真实的唯识体——阿摩罗识，转染识为净识，贯彻了"一切法唯识"的教说。而阿摩罗识即是自性清净心，又会通了如来藏学。不过，真谛所译传的论书，除《佛性论》（及《无上依经》）以外，大意都是符合瑜伽学的。

---

① 《大乘庄严经论》卷六（大正三一·六二三上）。

第八章　如来藏佛性之抉择

第一节　《楞伽经》的如来藏说

《楞伽经》共有三译,求那跋陀罗在宋元嘉年间(约西元四四○顷)初译,名《楞伽阿跋多罗宝经》,四卷。在无著、世亲的论书里,还没有引用这部经,所以这部经的集成,约在西元四世纪末。

一、如来藏与我:《楞伽经》与瑜伽学派有非常亲密的关系,如有些差别,那就是会通如来藏说。瑜伽学者约清净真如无差别,解说经中的如来藏;《楞伽经》也这样说,但有更进一步的说明如来藏的本义。如《楞伽阿跋多罗宝经》卷二(大正一六·四八九上——中)说:

> "世尊修多罗说:如来藏自性清净,转三十二相,入于一切众生身中。如大价宝,垢衣所缠,如来之藏常住不变,亦复如是,而阴界入垢衣所缠,贪欲恚痴不实妄想尘劳所污。……云何世尊同外道说我,言有如来藏耶? 世尊! 外道亦说有常作者,离于求那,周遍不灭。"

　　"大慧！我说如来藏，不同外道所说之我。大慧！有
时说空、无相、无愿、如、实际、法性、法身、涅槃……如是等
句说如来藏已，如来应供等正觉，为断愚夫畏无我句故，说
离妄想无所有境界如来藏门。……开引计我诸外道故，说
如来藏，令离不实我见妄想，入三解脱门境界，悕望疾得阿
耨多罗三藐三菩提。是故如来应供等正觉，作如是说如来
之藏。……为离外道见故，当依无我如来之藏！"

　　《如来藏经》等所说：众生身心中的如来藏，是自性清净的、
常住的，这与外道所说的我（ātman），有什么差别？外道所说的
我，不也是常住、周遍不灭、离于求那（guṇa）吗？"离于求那"，
魏译本作"不依诸缘，自然而有"①，所以我是作者，不是依缘而
有的。这样的我，与如来藏不是相同吗？经上为什么要说如来
藏呢？《楞伽经》解说为：如来藏是如、实际、法性等异名，是"离
妄想无所有境界"。经中常见的真如、法界等，为什么又要称为
如来藏呢？这是为了"断愚夫畏无我句"，"开引计我诸外道"的
方便。在生死流转与解脱中，外道都是主张有"我"的。对生死
说，我是作者；解脱，我就离生死而常乐。佛说无我，是外道也是
一般人所不容易信受的。没有我，谁在作业，谁在受报呢？没有
我，解脱不等于什么都没有吗？佛说的无我与涅槃，是外道与一
般愚夫的怖畏处。不得已，只好将真如说为如来藏，说得近于外
道的神我。如信受如来藏说，更进一步理解其内容，就知道与神
我不同，实在是"离妄想无所有"的真如。不起我见、法见，从三

① 《入楞伽经》卷三（大正一六・五二九中）。

解脱门向佛道。如来藏是诱化外道的方便,所以是"无我如来之藏"。

《楞伽经》说与瑜伽学相近,而说得更为分明!"无我如来之藏",与《大涅槃经》的"我者,即是如来藏义"①,方便是不相同的。《宝性论·本颂》说:为了使众生远离五种过失,第五过失是"计身有神我",所以说众生有佛性②,也有为了诱化外道执我见而说有佛性(如来藏别名)的意义。但"释论"说:"以取虚妄过,不知实功德,是故不得生,自他平等慈。"③《佛性论》解说为:"由闻佛说佛性故,知虚妄过失,真实功德,则于众生中起大悲心;无有彼此,故除我执。"④这是以自他平等的大我,离虚妄的小我。《显扬圣教论》说:"当知此平等心性,即是大我阿世耶,及广大阿世耶。"⑤与《宝性论释》同一意义。这固然是本于真如无差别义,但对应机说教——"断愚夫畏无我句"、"开引计我诸外道"的教意,《楞伽经》显然更胜一着!

二、如来藏与藏识:如来藏为依止,阿赖耶识为依止,本为不同的二种思想系。无著、世亲论中,虽以真如解说如来藏,也没有与阿赖耶识联合起来。将二者联合而说明其关系的,是《楞伽经》,如《楞伽阿跋多罗宝经》卷四(大正一六·五一二中)说:

"大慧! 善不善者,谓八识。何等为八? 谓如来藏名

---

① 《大般涅槃经》卷七(大正一二·四〇七中)。

② 《究竟一乘宝性论》卷一(大正三一·八一六上——中)。

③ 《究竟一乘宝性论》卷四(大正三一·八四〇下)。

④ 《佛性论》卷一(大正三一·七八七中)。

⑤ 《显扬圣教论》卷一七(大正三一·五六二中)。

识藏心、意、意识，及五识身。"

八识，是瑜伽学者的创说。识藏，就是藏识——阿赖耶识。约特殊的意义，第八阿赖耶识名心（citta），第七识名意（mano），前六识名识（vijñāna）。经上说"八识"，又说"如来藏名识藏（心）"，这是将如来藏与阿赖耶合为第八识了。魏译本虽只说"阿梨耶识"，而下文说"阿梨耶识名如来藏"①，也表示了"如来藏名识藏"的意义。《楞伽经》以真如为如来藏，与阿赖耶的含义当然是并不完全一致的，但到底结合为第八识了。如来藏与阿赖耶的合为第八识，应该是依于心性本净，客尘烦恼所覆而来，如《楞伽阿跋多罗宝经》卷四（大正一六·五一〇下）说：

"此如来藏识藏，一切声闻、缘觉心想所见，虽自性净，客尘所覆故犹见不净。"

"我于此义，以神力建立，令胜鬘夫人及利智满足诸菩萨等，宣扬演说如来藏及识藏名，与七识俱生，（令）声闻（不）计著，见人法无我故。胜鬘夫人承佛威神说如来境界，非声闻、缘觉及外道境界，如来藏识藏唯佛及余利智依义菩萨智慧境界。"

《楞伽经》是依《胜鬘经》而作进一步的说明。《胜鬘经》有没有说到阿赖耶识，是另一问题，而"自性清净如来藏，而客尘烦恼、上烦恼所染，（是）不思议如来境界"②，确是《胜鬘经》所

① 《入楞伽经》卷八（大正一六·五五九下）。
② 《胜鬘师子吼一乘大方便方广经》（大正一二·二二二中）。

说的。依如来藏说,为客尘烦恼所覆(或"所染");依阿赖耶说,是杂染种子(或"熏习")所积集。在《楞伽经》中,这二者也统一起来。原来,阿赖耶——藏,是窟、宅那样的藏。《摄大乘论》中,玄奘意译为"摄藏"、"执藏"。摄藏,魏佛陀扇多译作"依";陈译作"隐藏";隋译作"依住"①。玄奘所译《解深密经》说:"亦名阿赖耶识,何以故? 由此识于身,摄受藏隐同安危义故。""摄受藏隐",《深密解脱经》作"以彼身中住著故"②。阿赖耶有隐藏、依住的意义,如依住在窟宅中,也就是隐藏在窟宅中。所以《楞伽经》中,显现境界,起七识等,当然是阿赖耶识的作用,而自性清净,为虚伪恶习所熏染,生(杂染的根本)无明住地(或作"习地"),为如来藏而转名为阿赖耶识的关键。《楞伽阿跋多罗宝经》卷四(大正一六·五一〇中)说:

> "如来之藏,是善不善因,能遍兴造一切趣生;……外道不觉,计著作者。无始虚伪恶习所熏,名为识藏,生无明住地,与七识俱。如海浪身,常生不断,离无常过,离于我论,自性无垢,毕竟清净。"

魏译本的文句小异,如说:"(上略)诸外道等妄计我故,不能如实见如来藏。以诸外道无始世来,虚妄执著种种戏论诸熏习故。大慧! 阿梨耶识者,名如来藏,而与无明、七识共俱。如

---

① 《摄大乘论本》卷上(大正三一·一三三中)。《摄大乘论》卷上(大正三一·九七中)。《摄大乘论》卷上(大正三一·一一四上)。《摄大乘论释论》卷一(大正三一·二七三中)。

② 《解深密经》卷一(大正一六·六九二中)。《深密解脱经》卷一(大正一六·六六九上)。

大海波,常不断绝,身俱生故,离无常过,离于我过,自性清净。"①依经所说:称为阿赖耶识,是由于如来藏为无始虚伪恶习——虚妄执著种种戏论所熏习。所受的熏习,瑜伽学名为"遍计所执种子",或说阿赖耶是"过患之聚"。《楞伽经》虽采用种子、熏习说,而阿赖耶显然就是:自性清净而为烦恼所覆染。依《大乘庄严经论》来解说:如来藏与阿赖耶识有同一义,那是心真如是自性清净的;也有差别义,阿赖耶识虽不离真如自性清净,却是覆障真如的,杂染过患、烦恼熏习的总聚。宋译或译阿赖耶识为"覆彼真识"②,深得《楞伽》的经意!所以,阿赖耶识一名,是不清净的。如修到一切妄执不起,断尽无始以来的戏论熏习,就转舍阿赖耶识的名字,唯是离垢清净的如来藏了。转舍如来藏中藏识的名字,如经上说③:

> 宋译:"修行者作解脱想,不离不转名如来藏识藏,七识流转不灭。所以者何?彼因攀缘诸识生故。"
>
> "欲求胜进者,当净如来藏及识藏名。大慧!若无识藏名如来藏者,则无生灭。"
>
> 唐译:"得解脱想,而实未舍未转如来藏中藏识之名。若无藏识,七识则灭。何以故?因彼及所缘而得生故。"
>
> "欲得胜法,应净如来藏藏识之名。大慧!若无如来藏名藏者,则无生灭。"

---

① 《入楞伽经》卷七(大正一六・五五六中——下)。
② 《楞伽阿跋多罗宝经》卷一(大正一六・四八三上)。
③ 《楞伽阿跋多罗宝经》卷四(大正三一・五一〇中)。《大乘入楞伽经》卷五(大正一六・六一九下)。《入楞伽经》卷七(大正一六・五五六下)。

魏译："生解脱相,以不转灭虚妄相故,大慧! 如来藏识不
在阿梨耶识中,是故七种识有生有灭,如来藏识不生不灭。
何以故? 彼七种识依诸境界念观而生。"

"欲证胜法,如来藏阿梨耶识者,应当修行令清净故。
大慧! 若如来藏阿梨耶识名为无者,离阿梨耶识,无生
无灭。"

宋、唐二译,文义相同,魏译的文句有点不同。但魏译说:没
有阿赖耶识名,如来藏不生不灭,七识的生灭流转也就灭而不
起,与宋、唐译还是一致的。《楞伽经》说八识,起初是以藏识心
与转识——七识对论的,如说:"譬如海水变,种种波浪转,七识
亦如是,心俱和合生,谓彼藏识处,种种诸识转。"①藏识与七转
识的关系,举泥团与微尘为譬喻,说明转识可灭,而不是藏识的
"自真相识灭,但业相灭"②。这显然以真如为藏识的自真相,所
以说"藏识不灭"。在宋译第四卷中,说"如来藏名藏识",以如
来藏(藏识)与七识对论,如说:"甚深如来藏,而与七识俱。"③
所以转舍阿赖耶识,只是除去覆障真相的虚伪恶习所熏,净除阿
赖耶识的名称而已。如来藏与阿赖耶识的统一,可说是《楞伽
经》的特色!《楞伽经》所说的阿赖耶识,特重心真如,而有被解
说为"真心"的可能!

如来藏为生死涅槃依:《胜鬘经》明确提到了如来藏为一切

---

①　《楞伽阿跋多罗宝经》卷一(大正一六·四八四中)。

②　《楞伽阿跋多罗宝经》卷一(大正一六·四八三上——中)。

③　《楞伽阿跋多罗宝经》卷四(大正一六·五一〇下)。《入楞伽经》卷七(大
正一六·五五七上)。《大乘入楞伽经》卷五(大正一六·六二〇上)。

法依,如《胜鬘师子吼一乘大方便方广经》(大正一二·二二二中)说:

> "世尊! 有如来藏故说生死,是名善说。"
>
> "如来藏离有为相,如来藏常住不变,是故如来藏是依、是持、是建立,世尊! 不离、不断、不脱、不异,不思议佛法。世尊! 断、脱、异、外有为法,依、持、建立者,是如来藏。"
>
> "世尊! 若无如来藏者,不得厌苦、乐求涅槃。何以故? 于此六识及心法智,此七法刹那不住,不种众苦,不得厌苦、乐求涅槃。"①

在所引的经文中,首先说,有如来藏,所以能有生死流转,这是善巧的说法。其次,成立两类依止:如来藏是常住不变异的无为法,所以为不离、不断、不脱、不异的不思议佛法的依持,也就依此而有佛涅槃。同时,为断、脱、异、外的有为法的依持,也就是依此而有生死。结论说:如没有如来藏,生死流转不能成立,因为六识等七法,是刹那不住的生灭法,是不种(受)众苦的。没有如来藏,也不能厌生死苦,发生对涅槃解脱的乐求。如来藏为生死、涅槃依,表示出如来藏学的特色!

继承《胜鬘经》,融摄瑜伽学,《楞伽经》作了进一步的说明。《胜鬘经》没有说到阿赖耶识,《楞伽经》却合如来藏与阿赖耶(藏)识为第八识。《胜鬘经》说"六识及心法智",唐译作"六识

---

① 《大宝积经》卷一一九《胜鬘夫人会》(大正一一·六七七下)。《究竟一乘宝性论》卷四引文(大正三一·八四〇上)。

及以所知"①。所知,古人每译为"智"与"应知"的。"六识及心法智",《楞伽经》是称为意、意识等七识的。在八种识中,为什么"如来藏名藏识"可以为一切法依止,而不是前七识呢?《楞伽阿跋多罗宝经》卷四(大正一六·五一〇上——中)说:

> "大慧菩萨复白佛言:世尊! 惟愿世尊更为我说! 阴界入生灭,彼无有我,谁生谁灭? 愚夫者依于生灭,不觉苦尽,不识涅槃。"

> "佛告大慧:如来之藏,是善不善因,能遍兴造一切趣生,譬如伎儿变现诸趣,离我我所。……为无始虚伪恶习所熏,名为识藏,生无明住地,与七识俱。如海浪身,常生不断;离无常过,离于我论,自性无垢,毕竟清净。"

上面说过,为了外道的怖畏无我,妄执有我,所以说如来藏;如来藏不是神我,却有神我的色彩。佛说"诸法无我",是一般人所不易信受的,所以部派佛教中,也有成立"我"的学派。《楞伽经》中,大慧菩萨代表了一般的心理,请佛解说。佛说生死流转,在生死流转中的,只是五阴、六界、六入(处),并没有我。在一般人看来,如没有我,那谁在生,谁在灭? 也就是谁在生死? 这是以"无我"为不能成立生死的。还有,如经说:"譬如破瓶不作瓶事,亦如焦种不作芽事。如是大慧! 若阴界入性,已灭、今灭、当灭,自心妄想见,无因故,彼无次第生。"②灭(nirodha),被解说为什么都没有了,那么前一刹那灭,第二刹那就"无因"而

① 《大宝积经》卷一一九《胜鬘夫人会》(大正一一·六七七下)。
② 《楞伽阿跋多罗宝经》卷一(大正一六·四八三下)。

不可能生起了。这是说：生灭无常是不能成立生死流转的，如经说："其余诸识有生有灭，意意识等念念有七"；"七识不流转，不受苦乐"①，与《胜鬘经》的"此七法，刹那不住，不种众苦"说相合②。瑜伽学说：刹那不住的有为生灭，可以成立生死的流转，受苦乐的异熟（vipāka），所以以依他起自性，阿赖耶识为所依。但《楞伽经》虽肯认"无我"，却同意一般的观点，所以要在诸行生灭法外，立常住不变不生不灭的如来藏（藏识）为依止。这样，"离无常过，离于我论"的如来藏，为一切法依，是最善巧的说法。

　　如来藏为生死依，《宝性论》依《陀罗尼自在王经》这样说："地依于水住，水复依于风，风依于虚空，空不依地等。如是阴界（六）根，住烦恼业中；诸烦恼业等，依不善思惟；不善思惟行，住清净心中；自性清净心，不住彼诸法。……如虚空净心，常明无转变，为虚妄分别，客尘烦恼染。"③依如来藏——自性清净心而有生死，正如依虚空而有风、水、地一样，虽为风、水、地所依，而虚空明净，常住不变。《楞伽经》所说的如来藏为依，也是这样，不过融合了瑜伽唯识说，所以无始以来的恶习所熏，与七识俱生，生死相续，流转于五趣、四生的，依于名为阿赖耶（藏）识的如来藏，如一切依于虚空那样。《楞伽经》说"如来之藏是善不善因，能遍兴造一切（五）趣（四）生"，所说的因，是"为依、为住、为建立"的意义。依、持、建立，不是种子生现行那样，是"依

---

① 《楞伽阿跋多罗宝经》卷四（大正一六·五一〇中、五一二中）。
② 《胜鬘师子吼一乘大方便方广经》（大正一二·二二二中）。
③ 《究竟一乘宝性论》卷一（大正三一·八一四上——中）。

止因"。如大种造色，约"生、依、立、持、养"说①，依、持、建立，就是这类的因——能作因。"如来之藏是善不善因，能遍兴造一切趣生，譬如伎儿变现诸趣"，近于外道的神我说。这是"开引计我外道"的方便，如来藏只是真如的异名。如来藏是善不善因，为生死依止，决不是如来藏——真如能生起善恶，流转生死，只是善恶、生死依如来藏而成立，如云雾依于虚空一样。云雾依于虚空，虚空自性还是那样的明净，虽然似乎虚空晦昧而失去明净，其实是不见而不是虚空有任何变化。所以经上接着说："离无常过，离于我论，自性无垢，毕竟清净。"为了化导没有常住法就不能成立生死流转的凡夫见，所以说如来藏为因为依。如中国佛教所传的《楞严经》及《起信论》所说"真如熏无明"、"无明熏真如"等，在印度后期大乘佛教中，似乎没有这样的见解。

依如来而有涅槃，也是"为依为持为建立"。《楞伽经》融合瑜伽学，所以立习气，如《楞伽阿跋多罗宝经》卷四（大正一六·五一二中）说：

> "大慧！刹那者，名识藏如来藏，意俱生识习气刹那，无漏习气非刹那，非凡愚所觉。计著刹那论故，不觉一切法刹那（与）非刹那，以断见坏无为法。"

如来藏名藏识中，生七识的习气，是刹那（kṣaṇa），是有为生灭法；另有无漏习气，是非刹那，也就是不生灭的无为法。这里，

---

① 《大乘阿毗达磨杂集论》卷一（大正三一·六九六上）。

显然与瑜伽学不同。瑜伽学以为:无漏习气也是刹那生灭的,所以佛果的四智菩提,也还是有为生灭的。《楞伽经》批评说:"若得无间有刹那者,圣应非圣!"①宋译的得"无间",就是"无间等"(abhisamaya),为"现观"或"现证"的异译。这是圣智的证得,如智证而是刹那生灭,那圣者也不成其为圣者了!无漏智等功德,《楞伽经》是无为不生灭的。魏译《入楞伽经》卷八(大正一六·五五九下)说:

> "言刹尼迦者,名之为空。阿梨耶识名如来藏,无共意转识熏习故,名之为空;具足无漏熏习法故,名为不空。"

魏译本略有差别。《楞伽经》所说的刹尼迦——刹那,是与如来藏相离的,所以是空的;无漏习气是(非刹那)不空的。空是有为生灭的,不空是无为不生灭的。空与不空,显然是引用了《胜鬘经》说:"空如来藏,若离、若脱、若异,一切烦恼藏。世尊!不空如来藏,过于恒沙,不离、不脱、不异,不思议佛法。"②依于如来藏的烦恼等有为法,是空的;依于如来藏,与如来藏不离不异的,无量无边的不思议佛法,是不空的。如来藏是真如的异名,是一切法无差别性,无漏功德不是从真如生的,而是与真如不离不异的无漏习气所显的。经修习离障而现起,与真如相应而永不失坏的。《楞伽经》依无漏习气说,而归宗于如来藏学。也就因此,《楞伽经》与瑜伽学相同,说五种种性。立无种性,无种性是一阐提(icchantika)人,但舍一切善根的一阐提,"以如来

---

① 《楞伽阿跋多罗宝经》卷四(大正一六·五一二中)。
② 《胜鬘师子吼一乘大方便方广经》(大正一二·二二一下)。

神力故，或时善根生"。所以"为初治地而说种性"差别，其实都是可以成佛的①。

第二节　《涅槃经》续译部分的佛性说

昙无谶所译的《大般涅槃经》，初译十卷，与法显所译《大般泥洹经》是同本异译。以下的三十卷，是昙无谶再到西域去，访求得来而再译的②。续译部分，共八品：《现病品》、《圣行品》、《梵行品》（此下应有《天行品》，指如《杂华经》说）、《婴儿行品》，以上明"五行"；《光明遍照高贵德王菩萨品》，明"十德"；《师子吼菩萨品》；《迦叶菩萨品》；《憍陈如品》。《大般涅槃经》的中心论题是"如来常住不变"，涅槃有"常乐我净"四德，"一切众生悉有佛性"。大般涅槃是无量功德所成就，常住不变而无尽地利益众生。如来也不是生在王宫，在拘尸那入灭，这是如来常住大涅槃中所有的示现。《涅槃经》初分十卷，明确地揭示了如来藏义，如《大般涅槃经》说③：

1.“我者，即是如来藏义；一切众生悉有佛性，即是我义。”

2.“一切众生悉有佛性，以佛性故，众生身中即有十

① 《楞伽阿跋多罗宝经》卷一（大正一六·四八七中——下）。
② 《出三藏记集》卷一四（大正五五·一○三中），又卷九（大正五五·六○上）。
③ 《大般涅槃经》：1.卷七（大正一二·四○七中）。2.卷九（大正一二·四一九上）。3.卷八（大正一二·四一○中）。

力、三十二相、八十种好。"

　　3．"佛性如是不可思议，（具）三十二相、八十种好，亦不可思议。"

　　如来藏就是我，我就是佛性，众生身中具有如来的十力、三十二相等功德，与初期的如来藏说——《如来藏经》、《央掘魔罗经》、《法鼓经》等，主体是完全一致的。这一富有神我色彩的如来藏——佛性说，大乘佛教界有给以净化的倾向。如《宝性论》主，约三义解说如来藏；瑜伽学者，以真如无差别义解说如来藏；《涅槃经》的后三十卷，也有独到的解说。净化如来藏——佛性所有的共同倾向，就是淡化了众生有真我的色彩。《涅槃经》后续的三十卷，也不是同时集出的。如《现病品》等五品、《师子吼菩萨品》、《迦叶菩萨品》，在佛性的解说上，也是对前说加以多少不同的解说。在续出部分集出（或译出）时，对于初出部分，也可能多少修正补充的。如"三德秘藏"，法显译本是没有的。迦叶菩萨的启问，法显译本也简略得多①。《大般涅槃经》续译部分，思想极为博杂，不是这里所能充分讨论的，这里只略论续译部分，是怎样的解说"一切众生悉有佛性"。

　　如来藏、我、佛性，是异名而同一意义。在后三十卷中，值得我们注意的，是不再提到如来藏一词了！《师子吼菩萨品》说：五百梵志难佛说无我："若无我者，持戒者谁？破戒者谁？"佛说："我常宣说一切众生悉有佛性，佛性者岂非我耶。"梵志们

---

　　①　《大般涅槃经》卷三（大正一二·三七九下——三八〇上）。《大般泥洹经》卷二（大正一二·八六三下）。

"闻说佛性即是我故,即发阿耨多罗三藐三菩提心"。佛然后告诉他们:"佛性者实非我也;为众生故,说名为我。"①佛性(如来藏)无我而说之为我,只是适应印度神教,诱引计我外道的方便,与《楞伽经》的见解一致。《迦叶菩萨品》中,佛说五阴无常无我,外道弟子都心生恐怖,不信受佛的教说。但佛"为诸大众说有常乐我净之法",外道弟子们就舍外道而信佛了②。佛说常乐我净,自有如来涅槃不空的意义,但说常乐我净,确有适应世俗神教的意趣。

如来藏(佛性)说,总是说在众生身(相续)中,在众生蕴界处中,有如来藏,具三十二相。现在,修正而给以新的解说,如《大般涅槃经》卷二七(大正一二·五二四中)说:

> "一切众生定得阿耨多罗三藐三菩提故,是故我说一切众生悉有佛性,一切众生真实未有三十二相、八十种好。"

"一切众生悉有佛性",不是说众生现有身内有如来那样的三十二相好。"若诸众生(身)内有佛性者,一切众生应有佛身,如我今也。"③这样,众生身中有如来藏,具足三十二相,是密意的方便说了! 无我而说有我,依《涅槃经》续译部分,无疑是适应当时神教学的方便。那么,如来常乐我净的我,真意何在呢?

---

① 《大般涅槃经》卷二七(大正一二·五二五上)。

② 《大般涅槃经》卷三九(大正一二·五九一中),卷三〇(大正一二·五四四下)外道信受出家,意趣相同。

③ 《大般涅槃经》卷二八(大正一二·五三一中)。

如《大般涅槃经》说①：

　　1."有大我故，名大涅槃。涅槃无我，大自在故，名为大我。云何名为大自在耶？有八自在，则名为我。"

　　2."如来法身无边无碍，不生不灭，得八自在，是名为我。"

　　3."诸佛……不复受二十五有，故名出世，以出世故名为我。"

　　4."以是常故，名之为我。"

　　5."无我法中有真我。"

　　依初二则说，涅槃是无我的，但如来常住大般涅槃，得八种自在（如经说），所以名为大我。我是"自在"的意义，所以佛名大我，表示了佛的大自在。大涅槃是出离二十五有世间生死的，所以3.说"以出世故名为我"。4.说"以是常故，名之为我"，也是约出离无常生死而说的。5.则所说"无我法中有真我"，是《迦叶菩萨品》的赞偈。赞叹的偈颂有文学意味，在法义上，是不能作为准量的！

　　续译部分，可分为四部分。第一部分，明"五行"、"十德"的，是《现病品》到《光明遍照高贵德王菩萨品》。这五品，是以大乘空义来说明一切。如《梵行品》明十一空：内空，外空，内外空，有为空，无为空，无始（终）空，性空，无所有空，第一义空，空

──────────

① 《大般涅槃经》：1.卷二三（大正一二·五〇二下）。2.卷三二（大正一二·五五六下）。3.卷一三（大正一二·四四一上）。4.卷三九（大正一二·五九六上）。5.卷三八（大正一二·五九〇上）。

空,大空①。"诸佛世尊从六波罗蜜,三十七品,十一空,来至大涅槃。"②经中也说到了"如来常修十八空义"③。如经上说④:

1."涅槃之性,实非有也,诸佛世尊因世间故,说言是有。"

2."如是涅槃亦得名有,而是涅槃实非是有,诸佛如来随世俗故,说涅槃有。……随世俗故,说言诸佛有大涅槃。"

3."若见佛性,则不复见一切法(有)性。以修如是空三昧故,不见法(有)性,以不见故,则见佛性。……菩萨摩诃萨修大涅槃,于一切法悉无所见,若有见者,不见佛性。……菩萨不但因见(空?)三昧而见空也,般若波罗蜜亦空,……如来亦空,大般涅槃亦空:是故菩萨见一切法皆悉是空。"

4."众生佛性亦复如是,假众缘故,则便可见。假众缘故,得成阿耨多罗三藐三菩提。若待众缘然后成者,即是无性;以无性故,能得阿耨多罗三藐三菩提。"

"一切诸法本性自空",依缘而有,是无自性的空的。不只是杂染生死法,般若、如来、大般涅槃也是空的。一切空,所以无

---

① 《大般涅槃经》卷一六(大正一二·四六一中——下)。
② 《大般涅槃经》卷一八(大正一二·四六八中)。
③ 《大般涅槃经》卷二二(大正一二·四九四下)。
④ 《大般涅槃经》:1.卷一八(大正一二·四六八下)。2.卷二一(大正一二·七四七中——下)。3.卷二六(大正一二·五二一中)。4.卷二六(大正一二·五一九中——下)。

上菩提与大般涅槃都是随俗的假名安立。一切本性空,不是什么都没有,这是一切如实相,所以大般涅槃可说有常乐我净。依此来说,佛性不外乎依空(性)、如而说的,如《大般涅槃经》卷一四(大正一二·四四五中——下、四四七下)说:

> "佛性无生无灭,无去无来,非过去非未来非现在,非因所作,非无因作,非作非作者,非相非无相,非有名非无名,非名非色,非长非短,非阴界入之所摄持,是故名常。……佛性无为,是故为常。虚空者,即是佛性。"

> "虚空非生非出,非作非造,非有为法。如来亦尔。……如如来性,佛性亦尔。"

佛性,是虚空那样的,是无为——非有为法,常住——非变异法。经说:菩萨知佛性六义:常,净,实,善,当见,真[1];佛性的定义,与"空性"相同。"若见佛性,则不复见一切法性"[2],正是般若体证的"绝无戏论"的"空性"。经上说:"佛性者即是如来"[3];"佛性义者,名为阿耨多罗三藐三菩提"[4]。其实,"佛亦不说佛(如来)及佛性、涅槃无差别相,惟说常恒不变无差别耳"[5]。约空真如性常住无差别义,所以说佛性即如来,佛性即无上菩提。说空性为佛性,当然是"一切众生悉有佛性"。但说众生有佛性,决不是瓶中有物那样,芽中有树那样,"佛性亦复

---

① 《大般涅槃经》卷二五(大正一二·五一三上)。
② 《大般涅槃经》卷二六(大正一二·五二一中)。
③ 《大般涅槃经》卷一四(大正一二·四四九上)。
④ 《大般涅槃经》卷一七(大正一二·四六三下)。
⑤ 《大般涅槃经》卷二五(大正一二·五一三下)。

如是,无有住处,以善方便故得可见"。所以一阐提人不断佛性,也可说"一阐提中无有佛性"①。

　　第二部分是《师子吼菩萨品》,共六卷,以佛性(及涅槃)为主题,而予以充分的论究。上面五品所说的"若见佛性,则不见一切法性";说常乐我净,而不说"不空";泛说生死、涅槃一切法性空,是深受《般若经》影响的。《师子吼菩萨品》,又回到了"初分"空与不空的立场,但是依十二因缘——十二(支)缘起、中道、第一义空——胜义空,而展开佛性的论究,无疑受到了龙树《中论》的影响。当然,这是引用论师说以庄严自己,思想不必与《中论》一致的。《师子吼菩萨品》首先提出了:什么是佛性?为什么名为佛性,为什么又名为常乐我净?为什么有的不见,有的不了了见,有的了了见佛性?对前二问题的主要解答,如《大般涅槃经》卷二七(大正一二·五二三中——五二四中)说:

　　"善男子! 佛性者名第一义空,第一义空名为智慧。所言空者,不见空与不空。智者见空及与不空,常与无常,苦之与乐,我与无我。空者一切生死,不空者谓大涅槃;乃至无我者即是生死,我者谓大涅槃。见一切空不见不空,不名中道;乃至见一切无我不见我者,不名中道。中道者名为佛性,以是义故,佛性常恒无有变易,无明覆故,令诸众生不能得见。声闻缘觉见一切空不见不空,乃至见一切无我不见于我,以是义故,不得第一义空;不得第一义空故,不行中

————————

　　①　《大般涅槃经》卷二六(大正一二·五一九中)。

道；无中道故，不见佛性。"——上答第一问

"善男子！佛性者，即是一切诸佛阿耨多罗三藐三菩提中道种子。"

"无常无断，乃名中道。无常无断，即是观照十二因缘智，如是观智是名佛性。"

"善男子！是观十二因缘智慧，即是阿耨多罗三藐三菩提种子，以是义故，十二因缘名为佛性。善男子！譬如胡瓜名为热病，何以故？能为热病作因缘故。十二因缘亦复如是。"

"善男子！佛性者，有因，有因因，有果，有果果。有因者，即十二因缘；因因者，即是智慧；有果者，即是阿耨多罗三藐三菩提；果果者，即是无上大般涅槃。"

"十二因缘，不出（生？）不灭、不常不断、非一非二、不来不去、非因非果。善男子！是因非果，如佛性；是果非因，如大涅槃；是因是果，如十二因缘所生之法；非因非果，名为佛性。（佛性）非因果故，常恒无变。以是义故，我经中说：十二因缘，其义甚深！……是故我于诸经中说：若有人见十二缘者，即是见法；见法者，即是见佛。佛者即是佛性，何以故？一切诸佛以此为性。"

"善男子！观十二缘智，凡有四种……上上智观者，见了了故，得阿耨多罗三藐三菩提道。以是义故，十二因缘名为佛性，佛性者即第一义空，第一义空名为中道，中道者即名为佛，佛者名为涅槃。"——以上答第二问

佛性是什么？"佛性者名第一义空，第一义空名为智慧。"

第一义空,出于《杂阿含经》,也见于本经的《梵行品》①。经上
说:眼等六处,生无所从来,灭去也无所至;有业报而没有作者。
依世俗施设,十二因缘是"此有故彼有,此生故彼生;此无故彼
无,此灭故彼灭",也就是因缘的集与灭,生死与涅槃:这就是
《阿含经》所说的缘起中道。所以,本经所说的第一义空,是十
二因缘胜义空。《大智度论》说:"般若波罗蜜分为二分,成就者
名为菩提,未成就者名为空。""十八空即是智慧。"②要知道,十
一空或十八空,是观法本性空——空观(或"空三昧");在观行
中,观因缘等本性空,到了现见(证)空性,空观就成为般若——
智慧,所以说"第一义空名为智慧"(实相般若)。经上接着说:
"所言空者,不见空与不空;智者,见空及与不空……"这是解说
上文"所(言)"说的第一义空与智(慧)。这两句,似乎是很费
解的!依上文来说,第一义空的空,梵语是空性(śūnyatā),空性
是绝无戏论的无净论处,不但不空不可得,空也不可得,所以说
菩萨"行不可得空,空亦不可得"③。说到体见空性的智(慧),
《般若经》就传有二说:一、于一切法都无所见,二、无所见而无
所不见④。本经与第二说相合。十二因缘第一义空,在离一切
戏论执著的体见中,见缘起生死边的空、无常、苦、无我,也见缘

　　① 《杂阿含经》卷一三(大正二·九二下)。《大般涅槃经》卷一六(大正
一二·四六一下)。

　　② 《大智度论》卷三五(大正二五·三一九上),又卷五七(大正二五·四六
五下)。

　　③ 《大智度论》卷三七(大正二五·三三五上)。

　　④ 菩萨慧眼都无所见,如《大般若波罗蜜多经》(第二分)卷四〇四(大正七·
二一下)。菩萨慧眼非见非不见,如《大般若波罗蜜多经》(初分)卷八(大正五·四
三中)。

灭涅槃边的不空、常、乐、我，所以说："智者，见空及与不空"；
"空者，一切生死；不空者，大般涅槃"。这是智慧所见的缘起中
道，"中道名为佛性"；二乘见空、无常、苦、无我，不见不空、常、
乐、我，见一边而不行中道，也就不能见佛性了。

　　为什么名为佛性？佛性是阿耨多罗三藐三菩提（anuttara-
samyak-saṃbodhi）的种子。种子是比喻因缘，与瑜伽学者的种
子说不同。依此而能成佛，所以名为佛性，与佛种性的意义相
近。"观十二因缘智慧，即是阿耨多罗三藐三菩提种子"，可见
这是以第一义空智为佛性的。第一义空智，依十二因缘的观照
而来，所以又说"十二因缘名为佛性"。到这里，可以称为佛性
的，有三：一、十二因缘；二、十二因缘空——中道；三、观十二因
缘智。十二因缘被名为佛性，是因中说果，经举胡瓜名为热病来
喻说。十二因缘为佛性所依，也就名为佛性了。到了这里，经上
举出了佛性的因果说，如：

```
      ┌─十二因缘…………………………………………因
      │ 观十二因缘智慧………………………………因因
佛性 ─┤ 十二因缘不生不灭不常不断非一非二不来不去……非因非果
      │ 阿耨多罗三藐三菩提…………………………果
      └─大般涅槃………………………………………果果
```

　　佛性这一名词，虽然通于三事，但从上列的分解中，可见佛
性是"十二因缘，不出（生？）不灭，不常不断，非一非二，不来不
去"，就是《中论》所说的八不缘起，也就是本经所说的"佛性者
即第一义空，第一义空名为中道"（古人称之为正因佛性）。依
上表所列，十二因缘是佛性所依因，因中说果，所以名为佛性。

观十二因缘智,是依十二因缘,能证见因缘八不的"了因",名为佛性,其实是佛性的因因。佛性是成佛的种性又体性,所以佛性的果,是无上菩提。依无上菩提的觉证,得离障的涅槃寂灭,所以涅槃是佛性的果果。而十二因缘八不——中道第一义空(性),是非因非果的,常恒不变的:这才是佛性的真实义。第一义空为佛性,与瑜伽学以一切法空性为如来藏,大意相近,不过本经重在第一义空的中道。接着,有四句分别:"是因非果如佛性",应该是观十二因缘智慧(因因),"是果非因如大涅槃"(果果);"是因是果,如十二因缘所生法",就是十二"缘所生"法;"非因非果名为佛性",即八不因缘中道。在四句分别中,"是因非果",如佛性;"非因非果",也名为佛性。在文句上,未免不够善巧! 嘉祥《中论疏》说:"罗睺罗(跋陀罗)法师是龙树同时人,释八不,乃作常乐我净四德明之。"①《止观辅行传弘决》与《三论玄疏文义要》,都说罗睺罗跋陀罗法师作《中论注》②。梁真谛曾译出《中论》一卷③,嘉祥等传说,大抵由此而来。罗睺罗法师以常乐我净释八不,与《师子吼菩萨品》的思想应该是很接近的。《中论》的八不中道,依《阿含经》的缘起中道而来;《师子吼菩萨品》依第一义空,而展开空、不空的中道说,可说是龙树一切皆空的中道说进入后期大乘的一般倾向。《师子吼菩萨品》说也还是源于《阿含经》的,所以说:"我经中说:十二因缘其义

---

① 《中观论疏》卷三(大正四二·四〇下)。

② 《止观辅行传弘决》卷一之一(大正四六·一四九下)。《三论玄疏文义要》卷二(大正七〇·二二九下)。

③ 《历代三宝纪》卷一一(大正四九·九九上)。

甚深。"十二因缘义甚深,是《阿含经》多处所说到的。本经又说:"我于诸经中说:见十二因缘者即是见法,见法者即见佛。佛者即是佛性,何以故? 一切诸佛以此为性。"所引的经说,是《中阿含》的《象迹喻经》。然上座部所传,只说"见缘起便见法,若见法便见因缘",没有说"见法即见佛"①。大乘经所引,都有"见法即见佛"一句,可能源出大众部所传的。本经依此而加以解说,"佛者即是佛性",因为佛是依此十二因缘空中道为体性的。这样,以十二因缘空——中道为佛性,是源本于《阿含》,经龙树学演进而来的。

依上来所说,佛性可以有二种意义:一、是无上菩提的种子——因性;二、是佛的体性。所以佛性的原语,极可能是 bud-dha-dhātu,可以译为"佛界"、"佛性"。dhātu——界的意义很多,有"因"义,也有"体性"义。依据这一佛性的含义,所以除了说到过的十二因缘,观十二因缘智慧,八不因缘——中道第一义空以外,又说到一乘,首楞严三昧,十力,四无所畏,大悲,三念处②。我,大慈,大悲,大喜,大舍,大信心,一子地,第四力,十二因缘,四无碍智,顶三昧③:这一切都名为佛性。这些被名为佛性的,有的是佛的果德,是佛的体性;有的是菩萨行、菩萨地,是佛的因性。菩萨行与佛功德,众生是没有的,但"一切众生必定当得",约未来当有说"一切众生悉有佛性"。惟有十二因缘,本

---

① 　《中阿含经》卷七《象迹喻经》(大正一・四六七上)。《中部》(二八)《象迹喻经》(南传九・三三九)。

② 　《大般涅槃经》卷二七(大正一二・五二四下——五二五下)。

③ 　《大般涅槃经》卷三二(大正一二・五五六下——五五七上)。

经用"缘起（因缘）无为"说，所以，"十二因缘常，佛性亦尔"①。
"佛性者名十二因缘，何以故？以因缘故，如来常住。"名为佛性
的十二因缘，常住不变，这与未来必定当得的不同，所以说："一
切众生定有如是十二因缘，是故说言一切众生悉有佛性。"②这
样，约十二因缘说，佛性是众生"定有"的。约菩萨行、佛功德
说，佛性是众生"当有"的。约第一义空——中道说，佛性是"一
切众生同共有之"的，但与世俗所想像的不同，所以经中破"因
中有性"，"因中无性"。经上说③：

1."众生佛性，不破不坏，不牵不捉，不系不缚，如众生
中所有虚空。"

2."（佛性）云何为有？一切众生悉皆有故。云何为
无？从善方便而得见故。云何非有非无？虚空性故。"

3."佛性者，非阴界入（非离阴界入）；非本无今有，非
已有还无；从善因缘，众生得见。"

4."佛性者，非内非外，虽非内外，然非失坏，故名众生
悉有佛性。"

5."以正因故，故令众生得阿耨多罗三藐三菩提。何
等正因？所谓佛性。"

6."众生佛性，不一不二；诸佛平等，（佛性）犹如虚空，

---

①　《大般涅槃经》卷二八（大正一二·五三三中）。
②　《大般涅槃经》卷三二（大正一二·五五七上）。
③　《大般涅槃经》：1.卷二八（大正一二·五三一中）。2.卷二七（大正一二·
五二六上）。3.卷二七（大正一二·五二六中）。4.卷二八（大正一二·五三〇中）。
5.卷二八（大正一二·五三二上）。6.卷二九（大正一二·五三九上）。

一切众生同共有之。"

正因佛性是"一切众生所同有的",当然可说"悉有"。但佛性如虚空,不一不异,非内非外,常住而非三世所摄的,所以可说有,也可说无,可说非有非无的。一切众生同有正因佛性,然对于成佛,《大般涅槃经》卷三二(大正一二·五五五中——下)说:

> "善男子! 汝言众生悉有佛性,应得阿耨多罗三藐三菩提如磁石者,善哉! 善哉! 以有佛性因缘力故,得阿耨多罗三藐三菩提。若言不须修圣道者,是义不然! 善男子! ……众生佛性亦复如是,不能吸得阿耨多罗三藐三菩提。"

中道第一义空——正因佛性,虽然可说一切众生所同有的;也由于佛性,众生都可以成佛。但成佛,还要修行圣道。因为因缘第一义空性,常住不变,并不能吸引众生去成就佛道。否则,一切众生同有佛性,有佛无佛,法性常住,一切众生都早该成佛了! 总之,《师子吼菩萨品》所说佛性,菩萨行与佛功德,是"当有"的;正因佛性是"当见"的、"悉有"的,与《胜鬘经》所说如来藏,能使众生厌苦而求涅槃说不同。从第一义空性(也就是"无性")的见地,对一般所说,众生本有如来藏、我、佛性说,给以批判的修正。

天台学者,依《涅槃经》立三因佛性:正因佛性、了因佛性、缘因佛性,也许比《涅槃经》说得更好! 如依《涅槃经》本文,所说略有些不同。《师子吼菩萨品》中,一再地说到不同的二因:

或是生因与了因，或是正因与缘因，或是正因与了因。如综合起来，有生因、了因、正因、缘因——四名不同。经上说①：

　　1.“佛性……是常，可见，了因非作（与‘生’义同）因。”

　　2.“正道能为一切众生佛性而作了因，不作生因，犹如明灯照了于物。”

　　3.“缘因者，即是了因。”

　　正因佛性，是十住菩萨与佛所能证见的，但要从缘显了。正因佛性是常住的，所以不是生因所生，而是了因所了的。从缘显了，所以“缘因者即是了因”。正道是八（支）正道（āryâṣṭâṅga-mārga），部派中有“道支无为”说。本经也说无漏圣道是“平等无二，无有方处此彼之异”②。《梵行品》也说：“道与菩提，及以涅槃，悉名为常。”③圣道是常，所以是佛性的了因。约佛的因性说，佛性有正因与了因（了因就是缘因）。如约佛的体性说，所说就不同了。经上曾有一问答：“若佛与佛性无差别者，一切众生何用修道？佛言：善男子！如汝所问，是义不然。佛与佛性虽无差别，然诸众生悉未具足。”④这是说：约第一义空——中道说，佛与佛性是无二无别的；然佛性是众生成佛的正因，比起圆满究竟的佛——（得）阿耨多罗三藐三菩提，到底不可同日而语，要有了因与生因，如《大般涅槃经》卷二八（大正一二·五

────────────

　　① 《大般涅槃经》：1.卷三二（大正一二·五五九上）。2.卷二九（大正一二·五三九中）。3.卷二八（大正一二·五三一中）。

　　② 《大般涅槃经》卷二九（大正一二·五三九中）。

　　③ 《大般涅槃经》卷一七（大正一二·四六五下）。

　　④ 《大般涅槃经》卷二七（大正一二·五二四中）。

三○上)说：

> "复有生因，谓六波罗蜜阿耨多罗三藐三菩提。"
>
> "复有了因，谓佛性阿耨多罗三藐三菩提。"
>
> "复有了因，谓六波罗蜜佛性。"
>
> "复有生因，谓首楞严三昧阿耨多罗三藐三菩提。"
>
> "复有了因，谓八正道阿耨多罗三藐三菩提。"
>
> "复有生因，所谓信心六波罗蜜。"

　　阿耨多罗三藐三菩提，是佛果，是中道第一义空而为无量无边功德所成就的。所以修六波罗蜜、首楞严三昧，对于阿耨多罗三藐三菩提，是生因。佛性与八正道是常住的，所以对阿耨多罗三藐三菩提，是了因而不是生因。正因佛性是常住的，不是生因所生的，所以修六波罗蜜（观智在内），显了佛性，只能说是了因。信心对于六波罗蜜，当然是生因了。依此可见，《师子吼菩萨品》的智果，阿耨多罗三藐三菩提，不但是了因所了，也是生因所生。经文所说的，没有天台学者所说的那么圆妙！

　　第三部分是《迦叶菩萨品》，共六卷。对众生有佛性，如贫家宝藏、力士额珠等比喻，凡《涅槃经》上来所曾说过的，几乎都作了新的解说。解说的方针是：如来应机而不定说法；又举"随他意语"，"随自他意语"，"如来随自意语"，以会通佛性的不同解说。在会通的解说中，着重于因缘说，表现出本品的特色。佛性，有佛的因性、佛的体性——二义。如来的佛性，如经上说①：

---

① 《大般涅槃经》：1. 卷三五（大正一二·五七一上）。2. 卷三七（大正一二·五八一上）。

1.“如来十力、四无所畏,大慈大悲,三念处,首楞严等八万亿诸三昧门,三十二相,八十种好,五智印等,……如是等法,是佛佛性。”

2.“善男子! 如来已得阿耨多罗三藐三菩提,所有佛性,一切佛法,常无变易,以是义故,无有三世,犹如虚空。善男子! 虚空无故,非内非外,佛性常故,非内非外,故说佛性犹如虚空。善男子! 如世间中无罣碍处名为虚空,如来得阿耨多罗三藐三菩提,已于一切佛法无有罣碍,故言佛性犹如虚空。”

佛性是佛的体性,含摄了一切如来功德。在佛位中,“佛性常故,非三世摄”,到了究竟圆满,不再有任何变易,也就没有过去、现在、未来可说。在佛果以前,后身菩萨——十住等佛性,与佛的佛性,差别是这样的①:

佛————常乐我净真实善……………………了了见

十住————常　　净真实善………………少分见

九住————常　　净真实善………………可见

六至八住——　　净真实善………………可见

初至五住——　　净真实善不善…………可见

论到众生佛性,《大般涅槃经》卷三七(大正一二·五八一上)说:

“非佛性者,所谓一切墙壁瓦石无情之物;离如是等无

---

① 《大般涅槃经》卷三五(大正一二·五七一上——中)。

情之物,是名佛性。"

佛性与众生,有不可离的关系,惟有众生,才能趣向,显了成就佛性。虽然众生并不等于佛性,而可以这样说:"众生即佛性,佛性即众生,直以时异,有净不净。"①《师子吼菩萨品》所说,众生佛性"正因者,谓诸众生"②,也是这个意思。众生佛性的净不净,与《不增不减经》所说:法身在烦恼中,名为众生;修菩提行,名为菩萨;离障究竟清净,名为如来③:有相近的意义。《宝性论》也约如来界——如来性,说不净、净不净、净三位④。众生佛性,本品提出的中道说,也就是可以说有、说无、说亦有亦无、非有非无的。如经说⑤:

1. "众生佛性,非有非无。所以者何? 佛性虽有,非如虚空。……佛性虽无,不同兔角。……是故佛性非有非无,亦有亦无。云何名有? 一切(众生)悉有,是诸众生不断不灭,犹如灯焰,乃至得阿耨多罗三藐三菩提,是故名有。云何名无? 一切众生现在未有一切佛法,常乐我净,是故名无。有无合故,即是中道,是故佛说众生佛性非有非无。……是故如来于是经中说如是言:一切众生定有佛性,是名为著;若无佛性,是名虚妄:智者应说众生佛性亦有

① 《大般涅槃经》卷三五(大正一二·五七二中——下)。
② 《大般涅槃经》卷二八(大正一二·五三〇下)。
③ 《不增不减经》(大正一六·四六七中)。
④ 《究竟一乘宝性论》卷三一(大正三一·八三二上——中)。
⑤ 《大般涅槃经》:1. 卷三五(大正一二·五七二中)。2. 卷三六(大正一二·五八〇下)。

亦无。”

　　2.“善男子！若有人言：一切众生定有佛性，常乐我净，不作不生，烦恼因缘故不可见，当知是人谤佛法僧。若有说言：一切众生都无佛性，犹如兔角，从方便生，本无今有，已有还无，当知是人谤佛法僧。若有说言：众生佛性，非有如虚空，非无如兔角，……是故得言亦有亦无。有故破兔角，无故破虚空，如是说者，不谤三宝。”

　　“众生定有佛性”，如一般所说的，一切众生有如来藏，如佛那样的具足智慧庄严，是本品所不能同意的！但也可以说众生有佛性，如经上说①：

　　1.“我常宣说一切众生悉有佛性，是名随自意说。一切众生不断不灭，乃至得阿耨多罗三藐三菩提，是名随自意说。”

　　2.“云何名有（佛性）？一切悉有，是诸众生不断不灭，犹如灯焰，乃至得阿耨多罗三藐三菩提，是故名有。”

　　3.“一切无明烦恼等结，悉是佛性。何以故？佛性因故。从无明行及诸烦恼，得善五阴，是名佛性。从善五阴，乃至获得阿耨多罗三藐三菩提。”

　　“一切众生悉有佛性”，不是众生身中有了什么，如无漏种子，称性功德等等，而是从众生无始以来，因缘不断不灭的延续

　　① 《大般涅槃经》：1.卷三五（大正一二·五七三下）。2.卷三五（大正一二·五七二中）。3.卷三五（大正一二·五七一中——下）。

去了解。即使是烦恼,烦恼也能感得人天善报——"善五阴"。依善五阴,可以亲近善友,听闻正法,一直到圆满佛性。众生在十二因缘河中,生死流转,始终是不断不灭的相似相续。犹如灯焰,前后有不即不离、不一不异的关系。没有无明、行等,就没有生死众生;没有众生就没有佛,没有生死又哪里有涅槃!所以,不但是善法,烦恼等也是佛性,是佛性所因依的。依据这一见地,《大般涅槃经》卷三六(大正一二·五七九中、五八〇下)说:

> "如是微妙大涅槃中,从一阐提上至诸佛,虽有异名,然亦不离于佛性水。善男子!是七众生,若善法,若不善法;若方便道,若解脱道,若次第道,若因若果,悉是佛性,是名如来随自意语。"

> "未得阿耨多罗三藐三菩提时,一切善、不善、无记,尽名佛性。"

《涅槃经》续译部分,对"如来常住"、"常乐我净"、"一切众生悉有佛性"等根本论题,都给以善巧的解说。前五品多用《般若经》意;《师子吼菩萨品》参考了《中论》的八不说;《迦叶菩萨品》依因缘说。众生有如来藏的本有论,到这里,淡化得简直不见了。反而明白地指责:"若有人言:一切众生定有佛性,常乐我净,不作不生,烦恼因缘故不可见,当知是人谤佛法僧。"①古人说:《涅槃经》"扶律谈常",扶律与声闻律制有关。《涅槃经》也广引经说,主要是《阿含经》,而给以独到的解说。续译部分,

---

① 《大般涅槃经》卷三六(大正一二·五八〇下)。

多用说一切有部的"名相",尤其是《迦叶菩萨品》;"三世有"义也引用了,这是涅槃学者所不大注意的! 如来藏说,《胜鬘经》等与"心性本净"——"自性清净心"合流,终于与阿赖耶识相结合。《涅槃经》的佛性说,重视《阿含经》的因缘说,参用《般若》、《中论》等思想来解说,所以与倾向唯心的如来藏说,在思想上,踏着不同的途径而前进。《涅槃经》不说"生死即涅槃","烦恼即菩提",也不说"一法具一切法","一行具一切行",大概宣说如来常住,久已成佛,所以天台学看作与《法华经》同为圆教。"圆机对教,无教不圆",具有圆融手眼的作家,要说这部经是圆教,那当然就是圆教了!

中华书局

初版责编　陈　平